AF318930

VENTE des 30 NOVEMBRE, 1er et 2 DÉCEMBRE 1909

HOTEL DES VENTES, Rue Victor-Hugo, 64

Mᵉ J. MASSELIN, Commissaire-Priseur

CATALOGUE

DE

BEAUX LIVRES ILLUSTRÉS

Anciens et Modernes

Provenant de la Bibliothèque de M. R. L. de V...

LIVRES A GRAVURES

principalement du XIXᵉ Siècle, quelques-uns avec aquarelles originales et la plupart avec de nombreuses suites de Vignettes anciennes ou modernes ajoutées.

LITTÉRATURE. – BEAUX-ARTS. – HISTOIRE

Editions Conquet, Ferroud, Librairie des Bibliophiles
(Jouaust), Quantin, Boussod-Valadon,
Hachette, Didot, Mame, etc.

JOLIES ET FRAICHES RELIURES

(REPRODUCTIONS : Pages 5, 61, 77)

LIBRAIRIE

J. GONFREVILLE

15, Rue de la Comédie, 15

LE HAVRE

—

1909

CATALOGUE

DE

BEAUX ET BONS LIVRES

ILLUSTRÉS

La **VENTE** aura lieu les 30 NOVEMBRE, 1ᵉʳ et 2 DÉCEMBRE 1909

A DEUX HEURES PRÉCISES DE L'APRÈS-MIDI

HOTEL DES VENTES, Rue Victor-Hugo, 64

Par le Ministère de Mᵉ **J. MASSELIN**, Commissaire-Priseur

Assisté de **M. J. GONFREVILLE**, Libraire-Expert

La Bibliothèque sera visible à la Librairie GONFREVILLE,
du 18 au 25 Novembre, de 2 h. 1/2 à 6 heures

EXPOSITION PUBLIQUE

Le **LUNDI 29 NOVEMBRE**, de 2 heures à 4 h. 1/2

et chaque jour de Vente, de 10 heures à midi

CONDITIONS DE LA VENTE

La Vente se fait au comptant.

Les Acquéreurs paieront 10 0/0 en sus des enchères.

Les Livres devront être collationnés sur place avant le lendemain midi de chaque jour de Vente. Passé ce délai, ils ne seront repris pour aucune cause.

Le Libraire chargé de la Vente se réserve la faculté de réunion ou de division.

M. J. GONFREVILLE remplira les commissions des personnes qui ne pourraient assister à la Vente.

VENTE des 30 NOVEMBRE, 1ᵉʳ et 2 DÉCEMBRE 1909

HOTEL DES VENTES, Rue Victor-Hugo, 64

Mᵉ J. MASSELIN, Commissaire-Priseur

CATALOGUE

DE

BEAUX LIVRES ILLUSTRÉS

Anciens et Modernes

Provenant de la Bibliothèque de M. R. L. de V...

LIVRES A GRAVURES

principalement du XIXᵉ Siècle, quelques-uns avec aquarelles originales et la plupart avec de nombreuses suites de Vignettes anciennes ou modernes ajoutées.

LITTÉRATURE. – BEAUX-ARTS. – HISTOIRE

Editions Conquet, Ferroud, Librairie des Bibliophiles
(Jouaust), Quantin, Boussod-Valadon,
Hachette, Didot, Mame, etc.

JOLIES ET FRAICHES RELIURES

(REPRODUCTIONS : Pages 5, 61, 77)

LIBRAIRIE

J. GONFREVILLE

15, Rue de la Comédie, 15

LE HAVRE

—

1909

ORDRE DES VACATIONS

PREMIÈRE VACATION. — Mardi 30 Novembre.

Ouvrages non catalogués.

Numéros..................................... { 1 à 149 / 201 à 221 / 401 à 430

DEUXIÈME VACATION. — Mercredi 1er Décembre.

Numéros..................................... { 150 à 200 / 222 à 321 / 659 / 431 à 478 / 616 à 639

TROISIÈME VACATION. — Jeudi 2 Décembre.

Numéros..................................... { 322 à 400 / 479 à 615 / 640 à 658

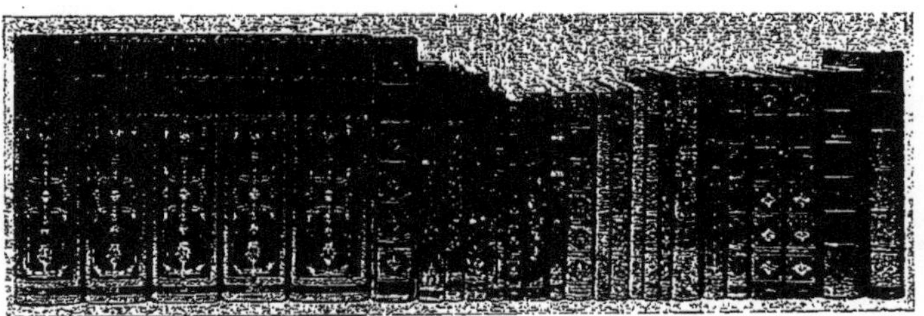

Spécimens de reliures

Nos Compagnons

Ｏ N a souvent dit que le bibliophile était un naïf sans cesse flattant une innocente passion. Pour un peu, certains pharisiens, d'esprit probablement très meublé, le traiteraient de doux maniaque.

Ainsi donc, se mettre en communication avec les bons auteurs ; assembler les connaissances, d'illustres connaissances, sans pourtant les entasser ; trouver des proses pour les illustrations et de jolies ou précieuses images pour les proses ; habiller « ses amis » de cuirs et de soies impressionnants au toucher et coquettement les parer de fers dorés et de fines mosaïques ; fortifier ses principes, sa raison et éclairer son esprit par la fréquentation des génies humains dont le charme est exquis et pénétrant — tout cela ne serait qu'une manie et ne mériterait ni éloge, ni respect, ni reconnaissance.

Nous sommes encore heureusement un grand nombre, en France, à savoir le contraire, à réserver notre admiration et nos louanges pour ceux qui se modèlent sur ce *Cassius Severus* cité par Montaigne : « ...*cet homme très éloquent, veoyant* « *brusler ses livres, crioit que par mesme sentence on le debvoit* « *quant et quant condemner a estre bruslé tout vif, car il por-* « *toit et conservoit en sa mémoire ce qu'ils contenoient...* »

Le bibliophile, seul, arrive à posséder une sorte d'omniscience heureuse de toutes les œuvres d'art, de toutes les reproductions de l'idéologie. Loin de se spécialiser, de se cantonner dans ce qu'*Octave Uzanne* appelait une « passion à œillères », il s'intéresse à toutes les généralités et acquiert, de jour en jour, des connaissances plus nombreuses et mieux assises, un sens critique plus développé.

L'homme qui a rassemblé les livres que nous offrons en vente, excellait dans l'art éminemment français de former une bibliothèque adaptée à ses goûts, répondant à ses désirs. Il pratiquait un sport exigeant vraiment du tact et du jugement.

Il n'accumulait pas seulement des œuvres classées ; il s'efforçait de discerner, de choisir parmi les meilleurs textes, dans les mieux illustrés, ceux qui devenaient pour lui une source de voluptés, un plaisir particulier, un bonheur quasi complet.

Non content d'avoir de beaux livres, il se plaisait, avant de les vêtir élégamment, à les compulser, à les lire pour enfin les augmenter de tout ce qu'il trouvait d'artistique à y insérer : suites de vignettes antérieures ou postérieures à l'édition, eaux-fortes pures, gravures avant la lettre, aquarelles originales, portraits, lithographies, etc. ; en un mot il adorait « composer » et compléter ses ouvrages, leur laissant les marges, les couvertures, les prospectus, pour en jouir et en tirer toutes les satisfactions qu'ils peuvent donner.

Curieux d'art, épris de littérature et d'histoire, grâce à sa patience, à ses recherches et à son érudition, il avait, pour former sa bibliothèque, su trouver et placer de livre en livre, de page en page, de nombreuses choses jolies, rares ou uniques, telles que certaines aquarelles de *Mlle de Maupin*, les gravures de *Saint-Aubin*, les vignettes de *Moreau* et de *Cochin*, les lithographies de *Daumier* et de *Gavarni*, les eaux-fortes des œuvres de *Molière*, des Fables et Contes de *La Fontaine* et de la *Bibliothèque artistique*, les portraits et les gravures de *Sévigné*, de *Chateaubriand*, de *Thiers*, de *Voltaire*, et de tant d'autres indiqués au catalogue.

J'ai eu grand plaisir à établir la liste des livres qui composent cette bibliothèque ; joyeusement j'ai revu des camarades avec qui, jusqu'à la fin de mes jours, j'aurai partie liée. Ils iront, j'en ai l'espoir, rejoindre leurs aînés des ventes Noël, Maneyro, de Lessert, Toussaint, Leleu, etc., dans les bibliothèques havraises dont ils seront, pour la plupart, des ornements dignes et appréciés. Ils contribueront ainsi à réaliser en partie ce rêve du poëte et du sage :

La maison pleine de livres,
Le jardin plein de fleurs.

J. GONFREVILLE.

BEAUX & BONS LIVRES

OUVRAGES DIVERS

1. **Abeilard (L')** supposé, ou le Sentiment à l'Epreuve. Orné
d'une charmante vignette frontispice. *Paris, Houtboud, an
IV*. In-18, veau racine, tranches rouge.

2. **About.** Le roi des Montagnes. Edition illustrée par Gust.
Doré. *Paris, Hachette, 1861*. In-8, dos chagr. vert, plats
toile, tr. dor.

   Premier tirage. Eau-forte de Delort ajoutée.

3. **About** (Edmond). Le Nez d'un notaire. Illustré d'un frontispice et de douze vignettes dessinées et gravées par Géry-Richard. *Paris, Lévy, 1886*. Petit in-8, dos et coins mar. bleu,
tête dorée, dos orné de petits fers, non rogné, couvert, cons.

   Un des 225 Exemp. sur papier vélin du Marais *tirés pour Conquet*
   (n° 147), avec vignettes dans le texte.

4. **Adam** (Madame Juliette Lamber). La Chanson des Nouveaux
Epoux. Edition ornée d'un portrait et de 10 eaux-fortes par
B. Constant, Ed. Detaille, G. Doré, J. P. Laurens, J. Lefèbvre,
F. Lematte, H. Le Roux, A. Morot, Munkacsy et Toudouze,
gravées par Abot, Boisson, Boulard fils, Courtry, Duvivier,
Lefort, Mercier, Monsanto, Vion, Yon, et portrait gravé par

Burney. *Paris, Conquet*, 1882. In-4, en feuilles, cartonnage de l'Editeur, couv. coloriée cons.

Tiré à 400 Exemplaires. L'un des 300 sur papier de Hollande (n° 163). On a ajouté l'acte de naissance légalisé de Mme Edmond Adam sur 1 feuille de Timbre à 1 fr. 80, et une lettre autographe de Mme E. Adam, avec son enveloppe, datée du 22 août 1909, de l'Abbaye de Gif.

5. **Adeline** (Jules). Hippolyte Bellangé et son œuvre. Avec eaux-fortes et fac-simile. *Paris, Quantin*, 1880. In-8, dos et coins chag. rouge, tête dorée, dos orné, non rogné, couv. cons.

6. **L'Age du Romantisme**. Celestin Nanteuil, Gérard de Nerval, Rogier. Prosper Mérimée. Illustrations en noir et en couleur, autographes et portraits. *Paris, Monnier*, 1887. In-4 dem. rel. veau fauve, tranches peignes, couvert. des 5 livraisons cons. *Ouvrage complet.*

7. **Aicard** (Jean). La Chanson de l'Enfant. Nouvelle édition ornée de 128 compositions par Lobrichon, avec la collaboration de E. Rudaux, gravées sur bois par L. Rousseau. *Paris, G. Chamerot*, 1884. Gr. in-8, dos et coins chagrin bleu, dos orné et mosaïqué, tête dorée, non rogné, couv. illustrée cons.

On a ajouté : *Le Petit monde* comprenant 11 eaux-fortes en bistre sur chine volant (y compris le titre); l'eau-forte de la couverture; une eau-forte sur vélin, le tout gravé, dessiné par Ad. Lalauze, et 2 vignettes sur acier.
En tout 15 pièces ajoutées.

8. **Albums divers**. Réunion de 6 albums. *Paris, Bonvallot, Simonis-Empis, etc.* En 6 vol. in-4, br,, non rog., couv. ill.

Les Fêtes Antiques. — Joyeux Paris. — Les petites parisiennes. — Celles qui aiment. — Parisiennettes. — Les charmeuses.

9. **Album de l'Intransigeant**. L'Aïeul. D'après Daumier, Decamps, Grandville, etc., avec une couverture en couleur. *Paris, Bureaux de l'Intransigeant, s. d.* (1894). In-folio, demi veau fauve, dos orné, tranches jaspées, couv. cons.

Caricatures et charges sur Casimir Périer, ministre de Louis-Phillippe, grand père du Président de la République, C^{ir} Périer.

10. **Album Littéraire**. Recueil de Morceaux choisis de littérature contemporaine. *Paris, Janet*, 1831. In-16, veau bleu, or-

nements et filets à compartiments dorés et à froid, petite dent. intér., tr. dorées. *Reliure romantique de l'époque, dite « à la Cathédrale. »*

11. Album Mariani. Figures contemporaines, tirées de l'album Mariani. Biographies, autographes. Portraits gravés sur bois. *Paris, Flammarion et Floury*, 1894-1908. 11 vol. gr. in-8 brochés, non rog., couv. (Tome I dos cassé).

12. Album militaire (Armée Française). **Victoires et Conquêtes de 1789 à 1800.** *Paris, Boussod, Valadon, sans date*, (1898). Deux vol. in-4 oblong, dos chagr. rouge, attributs militaires sur le dos, tête dorée, non rogné, toutes les couvertures illustrées des livr. en couleur conservées.

13. Album National. France, Algérie et Colonies. Voyages à travers la France et son empire colonial, contenant 1,184 vues photographiques. *Paris, Boulanger, sans date*, (1900). 3 vol. in-4 oblong, en feuilles, non rognés. *2 vol. de planches et 1 vol. de Texte.*

14. Album Universel. Photographies et description des principales curiosités monumentales et pittoresques de toutes les parties du monde, contenant 920 photographies en noir et en couleur. *Paris, Boulanger, sans date*, (1900). Trois vol. in-4 oblong, en feuilles, non rogné.

15. Alexandre (Arsène). Honoré Daumier, l'homme et l'œuvre. Ouvrage orné d'un portrait à l'eau-forte, de deux héliogravures et de 47 illustrations. *Paris, Laurens*, 1888. Gr. in-8, dem. rel. veau fauve, dos orné, tr. jasp., couv. illustrée cons.

16. Alexandre (Arsène). L'Art du rire et de la Caricature. 304 fac-similés en noir et 12 planches en couleur d'après les originaux. *Paris, Quantin, sans date* (1900). In-4 cartonnage toile, fers spéciaux, tête dorée, premier plat de la couv. conservée, non rogné, (rel. de l'éditeur.) *1er tirage.*

17. Almanachs de Gotha. Annuaire généalogique, diplomatique et statistique, comprenant : 1847 (13 portraits et gravures), — 1827 (8 portraits et vignettes), — 1830 (6 portraits et vignettes), — 1834 (3 portraits), — 1840 (6 portraits), — 1844 (3 portraits), — 1871 (4 portraits), — 1873 (4 portraits), — 1882 (4 portraits). Soit en tout 9 vol. in-32 cartonnage de l'éditeur.

18. **Almanach** (Le Petit) de nos grands hommes. *S. l.*, 1788. In-18, veau fauve, filets sur les plats, dentelle intérieure, dos orné, tranches dorées. *Titre gravé.*

19. **Armengaud** (Jean). Les Galeries Royales d'Angleterre, Windsor, Buckingham, Osborne. *Paris, Typ. Wiesner et C*ie, 1866-1867. **Figures et 50 planches.** In-4, dem. rel. chagr. rouge, fers spéciaux, tr. bleues et dorées.

20. **L'Art**. Revue hebdomadaire illustrée. Première année, tome II. *Paris, Libr. de l'Art*, 1875. In-folio, carton. toile rouge, fers spéciaux, tête dorée, non rogné.

Ouvrage orné hors texte de 29 eaux-fortes, 1 lithographie et 2 chromolithog.

21. **L'Art et les Artistes.** Revue Mensuelle, illustrée d'hélio-gravures en noir et en couleurs, d'eaux-fortes, etc., Nos 1, 2, 3, 4, 5, 9-10, 11 et 12 (Avril, Mai, Juin, Juillet, Août, Décembre 1905. Janvier, Février, Mars 1906), soit la première année incomplète des Nos 6-7-8, plus les 2e année, 3e année, 4e année complètes et les 6 premiers Nos de la 5e année (Septembre 1909). *Paris*, 1905-1909. En Nos in-4. Avec les titres et tables des matières, brochés, non rognés, couv. de numéros.

51 Nos.

22. **L'Artiste**. Beaux Arts et Belles Lettres, comprenant : Ve Série, tome XVI, 1856. — VIe série, tome Ier et tome II, 1856 — Nouvelle série, tome Ier, 1857 — Tomes III, IV et V, 1858. Contenant 189 planches, lithographies et eaux-fortes, d'après Rosa-Bonheur, Courbet, Decamps, Diaz, Daubigny, Gavarni, Isabey, Ingres, Rousseau, Troyon, et autres artistes. En 7 vol. in-4 dont 3 en dem. rel. chagr. vert, tranches jaspées, et 4 en dem, rel. chagr. vert, plats toile, tranches dorées.

La plupart des gravures sur chine.

23. **Les Arts**. Revue mensuelle des Musées, Collections, Expo-
sitions. *Paris, Goupil, Manzi, Joyant,* 1902 à 1909. Huit vol.
in-4 en livraison avec toutes les couvertures, titres et tables
des matières pour chaque année, non rognés. *Collection complète jusqu'à Avril* 1909.

24. **ASSEMBLÉE NATIONALE**. Galerie des représentants
du peuple, (1848). Réunion de 425 portraits lithographiés.
Paris, Delarue, 1848/50. En 4 vol. gr. in-4, demi-veau fauve,
dos ornés. Le tout monté sur onglets. *Réunion très intéressante.*

25. **Athée** (L'). Journal des Matérialistes, comprenant 14 numéros, *les seuls parus,* avec une notice par H. Barnout, le dernier N° contient la Table des Matières. *Paris,* 1870. In-folio,
demi veau fauve, dos orné, tr. peignes.

26. **Autour du Monde**. La France et ses Colonies, Souvenirs
de voyages (464 aquarelles). *Paris, Boulanger,* 1896. Deux
vol. in-4 oblong, en feuilles, non rognés.

27. **Bac**. Albums divers : La femme intime. — Les fêtes galantes. — Nos femmes. — Les alcôves. — Nos amoureuses. —
Femmes de Théâtre. — Modèles d'artistes. — Le triomphe de
la femme. *Paris, Simonis Empis s. d.* (1895 à 1900). 8 albums
in-4, br., non rogné, couv. ill.

28. **Baiser** (Le). Etude littéraire et historique. *Nancy, Berger-
Levrault,* 1888. Gr. in-8, dos et coins mar. marron, tête dorée,
non rogn., dos orné, couv. cons.

> Tirage à 300 Ex. sur Hollande, (n° 21), pour L. Conquet.
> On a ajouté, comme frontispice, une Eau-forte de Henri Somm.

29. **Balzac** (Honoré de). Le colonel Chabert. Avec un portrait
et 6 compositions de Delord, gravés par Boisson. *Paris,
C. Lévy,* 1886. Petit in-8, dos et coins mar. bleu, tête dorée,
dos ornés de petits fers, non rogné, couv. cons.

> Un des 225 Exemp. sur papier vélin du marais, *tirés pour Conquet,*
> n° 90, avec vignettes dans le texte.

30. **Balzac** (Honoré de). Les Chouans. Illustrations de Julien
Le Blant, gravées sur bois par Léveillé. *Paris, Testard,* 1889.

Gr. in-8, dos et coins maroq. marron, tête dorée, non rogné, dos orné, couv. conservée.

> On a ajouté les 8 eaux-fortes de Le Blant gravées par Boilvin, avec la préface de Jules Simon.

31. Balzac (Honoré de). La Grenadière. Illustrée de 6 compositions dessinées et gravées à l'eau-forte par Ad. Lalauze. Préface par Georges Vicaire. *Paris, Leclerc*, 1901. In-8, dos et coins chagr. La Vallière, tête dorée, non rogné, ornements en long dorés et mosaïqués sur le dos, couv. cons.

> Imprimé à 300 Ex. sur papier vélin à la cuve (N° 146).
> On a ajouté un joli portrait de Balzac, en regard du titre, d'après Julien, gravé au burin par Boisson, édité par Conquet.

32. Balzac (Honoré de). La Vendetta. Compositions de Adrien Moreau, gravées à l'eau-forte par Xavier Lesueur. *Paris, Ferroud*. 1904. In-8, dos et coins maroq. vert, orn, en long dorés et mosaïqués sur le dos, tête dorée, non rogné, couv. cons.

> L'un des 150 Ex. sur vélin d'Arches (N° 191).
> On a ajouté le prospectus illustré de la publication et un très joli portrait, *avant la lettre*, gravé à l'eau-forte par Lessore.

33. Balzac. Les Proscrits. 19 compositions dessinées et gravées à l'eau-forte par Gaston Bussière. *Paris, Ferroud*, 1905. In-8, dos et coins mar. rouge, dos orné et mosaïqué, tête dorée, non rogné, couv. cons.

> Tiré à 225 exemplaires numérotés (n° 83).
> On a ajouté : 1 beau portrait lithographié de Balzac gravé par Arnesel, d'après Brandt.
> 1 beau portrait du Dante dessiné et gravé par A. E. Lapé.
> 1 portrait du Dante en photogravure.
> Le prospectus illustré de la publication.

34. Barras. Mémoires, publiés avec une introduction générale, des préfaces et des appendices par Georges Duruy, ornés de portraits, fac-similes et cartes. *Paris, Hachette*, 1895. Quatre vol. in-8, dem. rel. veau fauve, dos orné, tranches peignes couv. cons.

35. Bausset (L. F. I. de). Mémoires sur Napoléon et Marie-Louise, de 1805 à 1816. Illustrés de 4 jolis portraits. *Paris, Levavasseur*, 1829. En 4 vol. in-8, brochés, non rognés (dos cassé).

36. Bazire (Edmond). Manet. *Paris, Quantin*, 1884. In-8, dos chagr. rouge, non rogné, couvert. cons.

Edition originale ornée d'illustrations d'après les originaux, dans le texte ou en pleine page, et de 1 portrait et 10 eaux fortes gravés par Guérard, d'après les tableaux de Manet.

37. Beauchamps et Rouveyre. Guide du Libraire et du Bibliophile, Description bibliographique et anecdotique de deux cent-vingts ouvrages rares, curieux ou singuliers, accompagnée d'un Album de 46 planches. *Paris, Rouveyre, s. date*, (1895). In-8, dos et coins maroq. La Vallière, dos orné, tête dorée, non rogné, couvert. cons.

38. Beaumarchais. Le Barbier de Séville. — Le Mariage de Figaro. Avec 10 eaux-fortes, en-têtes de pages et portrait d'après Valton, gravés par Abot. *Paris, Quantin, s. d.*, 1895. Deux vol. in-16, dos et coins chagr. bleu, tête dorée, dos orné et mosaïqué, non rogné, couv. conservées.

On a ajouté 1 portrait de Beaumarchais, sur chine, *avant la lettre*, gravé à l'Eau-forte, par Bracquemont, de l'Ed. Lemerre, dans « Le Mariage de Figaro ».

39. Beaumont (E. de). Un Drame dans une carafe. Dessins de Louis Leloir, *Paris, Libr. des Bibliophiles*, 1882. In-8, non rogné, cart. de l'éditeur.

40. Beaumont-Vassy. Histoire de mon temps. Louis-Philippe et Second Empire. *Paris, Perrotin et Amyot*, 1855-1865. Six vol. in-8, demi-rel. veau fauve, dos orné, tr. peigne.

On a ajouté 47 vignettes et portraits, gravés sur acier et sur bois.

41. Beauvoir (Roger de). Annuaire illustré de l'Armée Française, 1889 à 1900. *Paris, Plon.* Douze vol. in-4 brochés, non rognés, couv. *Les 12 premières années.*

42. Bentzon (Th.). Jacqueline. Illustrée par Albert Lynch. *Paris, Boussod et Valadon*, 1893, In-4, dos et coins mar. bleu, tête dorée, non rogné, couvert. cons.

Ex. sur vélin, figures sur chine.

43. Bequet (Etienne). Marie ou le Mouchoir bleu. Notice littéraire par Ad. Racot. Compositions de Sta, gravées à l'eau-forte

par Abot. *Paris, L. Conquet*, 1884. In-18, chagr. bleu, gardes
maroq. rouge, filets et dentelles sur les plats et le dos avec orn.
mosaïqués, large dent. int. avec filets dor., couv. cons. (Etui).

> Ex. sur vélin, N° 212.

44. **Béraldi** (Henri). Raffet, peintre national. Nombreuses illustrations. *Paris, Hazard et Per Lamm. s. date* (1895). In-folio
demi-veau fauve, dos orné, tranches jasp., couv. ill. cons.

45. **BÉRANGER.** Œuvres complètes. Edition unique revue
par l'auteur, ornée de 104 vignettes en taille douce dessinées
par les peintres les plus célèbres. *Paris, Perrotin*, 1834. Quatre vol. in-8, maroq. vert, gardes chagr. vert, large dentelle et
filets sur les plats et les dos avec mosaïque, large dent. et
filets à l'inter., tr. dorées. (Etuis).

> **On a ajouté :** 1 frontispice à l'eau-forte, de Rops, sur chine volant.
> 5 portraits divers de Béranger en taille douce : *En prison, dans son
> jardin, etc.*
> 4 vignettes en couleur de H. Monnier.
> 8 vignettes (libres) de T. Johamot.
> 1 aquarelle originale (libre) pour le Grenier.

46. **Béranger** (Pierre de). Dernières chansons, de 1834 à 1851,
avec une lettre préface de l'auteur. *Paris, Perrotin*, 1857. Un
vol. in-8, dem. rel. veau fauve, dos orné, tranches peignes.

> **On a ajouté :** 1 portrait de Béranger, d'après le médaillon de David
> d'Angers ;
> 1 portrait de Béranger, lithographié par Julien ;
> 1 portrait et 14 gravures sur acier de Lemud.

47. **Béranger** (Pierre de). Ma Biographie. Ouvrage posthume,
avec un appendice et un grand nombre de notes inédites sur
ses chansons. Ornée d'un portrait en pied, par Charlet. *Paris, Perrotin*, 1858. In-8, dem. rel, veau fauve, dos orné, tranches peigne.

> On a ajouté 11 belles gravures de Sandoz, gravées sur acier.

48. **Bergeret** (Gaston). Journal d'un nègre à l'Exposition de
1900. Soixante dix-neuf aquarelles originales par Henry
Somm. *Paris, Carteret*, 1901. Petit in-8, dos et coins chagr.
mauve, dos orné et mosaïqué, couv. ill. cons. *Fig. coloriées.*

> L'un des 300 Ex. sur vélin, non mis dans le commerce, offert par
> l'Editeur à M. Boislaville.

49. **Berquin**. Pygmalion. Scène Lyrique de J. J. Rousseau.
Illustrations de Moreau le jeune, suivie d'une Idyle par Berquin, vignettes de Marillier. Réimpression textuelle de l'Edition originale de 1775. *Paris, Lemonnyer*, 1883. In-4, dos et
coins maroq. orange, dos orné, non rogné, tête dorée, couv.
cons.

> Tirage à 375 Ex. sur vergé de Hollande (n° 328).
> On a ajouté : 1 photographie d'après Gigoux et les n° 1 et 8 du « Livre »
> contenant un fac-simile de reliure du XVI° siècle, en couleur.

50. **Berteaux** (Emile). Les Villes d'Art célèbres. Rome. Ouvrage orné de 348 gravures. *Paris, Laurens*, 1905. Petit in-4,
dem. rel. chagr. vert, non rogné, dos orné, couv. cons.

51. **Bertheroy** (I.). Femmes Antiques, la légende, l'histoire,
la Bible. Illustrations de Bougerereau, E. Adam, Falguière,
M. Leloir, G. Rochegrosse, H. Le Roux, G. Clairin, J.-P. Laurens, Ed. Toudouze, F. Lematte, gravées par E. Champollion.
Paris, L. Conquet, 1892. In-8, vélin, filets dorés sur dos et
plats, tête dorée, non rogné, couvert. cons.

> L'un des 200 sur papier vélin teinté du Marais (n° 148).
> Exemplaire avec la faute de la page 83.

52. **Berthet** (Elie). Paris avant l'histoire. Illustré. *Paris, Jouvet*, 1885. In-8, dem. rel. chagr. rouge, dos orné, tr. jaspées,
couv. cons.

> On a ajouté une lettre autographe de l'auteur.

53. **BLANC** (Charles). Histoire des peintres de toutes les
Ecoles. *Paris, Laurens*, 1865. 14 vol. in-4, dem. rel. maroq.
rouge, plats toile, tranches jaspées. *Très nombreuses gravures. 1er tirage.*

54. **Blanc** (Charles). Les Artistes de mon temps. *Paris, Didot*,
1876. Gr. in-8, dos et coins chagr. rouge, tête dorée, non
rogné. *Nombreuses gravures.*

55. **Bibliophiles contemporains**. Annales littéraires et admi-
nistratives des Bibliophiles contemporains, académie des beaux
livres. Exercices 1889 à 1894. *Paris, Imp. pour les Sociétaires
de l'Académie des beaux Livres*, 6 vol. gr. in-8, *nomb. plan-*

ches et figures noires et en couleurs. Dos et coins mar. grenat, genre bradel, tête dorée, non rogné, couv. conservées.

> Collection complète tirée à petit nombre, bel exemplaire.
> On a ajouté les très jolis menus illustrés des diners des bibl. contemporains : 18 Décembre 1889, samedi 29 novembre 1890, 28 mai et 26 novembre 1892, 28 novembre 1893, et 1 carte de visite illustrée de M. Octave Uzanne pour 1895.

56. La même collection. Années 1890 à 1894. En 5 vol. in-8, brochés, non rognés, couv.

57. Bibliophile Francais (Collection du). Portraits gravés à l'eau-forte par G. Staal. *Paris, Bachelin-Deflorenne,* 1864-1868. Douze vol. in-16, dem. rel. chagr, vert, tranches jaspées, couv. cons.

> *Collection complète.* Etudes sur : A. de Vigny, (par Anatole France). — La lisette de Béranger. — Rouget de Lisle. — Méry. — Hégésippe Moreau. — Mme de Lamartine. — Mme de Girardin. — Elisa Mercœur. — Henri Murger. — Gérard de Nerval. — Lamennais.

58. BIBLIOTHÈQUE ARTISTIQUE MODERNE comprenant les œuvres principales des maîtres de la littérature moderne. Illustrations par les meilleurs artistes, gravées à l'eau-forte et tirées hors texte. *Paris, Libr. des bibliophiles, (Jouaust),* 1883. En 17 vol. in-8, reliés dos et coins chagr. (ou maroq.) la Vallière, dos orné de petits fers, tête dorée, non rogné, couv. cons. *(Reliure uniforme).*

> Collection complète d'ouvrages tirés à petit nombre. Chaque vol. est orné, en plus des eaux-fortes, de fleurons, culs-de-lampe et lettres ornées par Giacomelli.
>
> 1. **About** (Edmond). Le Roi des Montagnes. 8 dessins de Charles Delort, gravés par Mongin.
>
> 2. **Barbey d'Aurevilly.** Le Chevalier des Touches. Dessins de Julien Le Blant, gravés par Champollion.
>
> 3. **Daudet** (Alphonse). Contes choisis. Avec 7 eaux fortes par E. Burnand.
>
> 4. **Gautier** (Théophile). Le Capitaine Fracasse. 15 dessins de Charles Delord, gravés par Mongin. 3 vol.
>
> 5. **Lamartine.** Jocelyn. Épisode. Avec dessins de Besnard, gravés par Los Rios, et portrait de Lamartine, par Champollion.
> *On a ajouté 2 vignettes de T. Johannot,* et **4 dessins originaux à la Sépia, de Tony Johannot.**

6. **Lamartine**. Graziella. Avec une préface par L. de Ronchaud. 6 dessins de Bramtot, gravés par Champollion.

On a ajouté : 1 portrait de Lamartine gravé à l'Eau-forte par Marliot, et 4 vignettes sur acier de Tony Johannot.

7. **Musset** (Alfred de). Théâtre, avec introduction par J. Lemaitre. 15 dessins de Charles Delort et 1 portrait gravés par Boilvin. 4 vol.

On a ajouté 10 vignettes de Bida, 3 portraits d'Alfred de Musset gravés à l'eau-forte sur chine volant, et **1 frontispice de Rops sur japon.**

8. **Mérimée** (P.). Nouvelles, La Mosaïque. Dessins de Aranda, Beaumont, Bramtot, Le Blant, etc.

9. **Gérard de Nerval**. Les Filles du Feu, avec une préface de J. Levallois. 6 dessins et 1 portrait par E. Adam, gravés par Le Rat. **On a ajouté 1 aquarelle originale de Henri Somm** (frontispice).

10. **Vigny** (Alfred de). Servitude et Grandeur Militaires. 7 dessins de Julien Le Blant, gravés par Champollion.

11. **Zola** (Émile). Une Page d'Amour. 11 Dessins d'Edouard Dantan, gravés par Duvivier. 2 vol.

On a ajouté le prospectus de la souscription.

59. **BIBLIOTHÈQUE DES DAMES**. Publiée sous la direction de M. de Lescure. *Paris, Jouaust,* 1881-85. En vol. in-12, dos et coin maroq. marron, dos orné, tête dorée, non rog., couv. cons. *Chaque vol. est orné d'un frontispice à l'eau forte par Lalauze.* (**Pour les vignettes ajoutées, voir le détail ci-dessous**).

1. **Aulnoye** (Madame d'). Les Contes des Fées, ou les **Fées** à la mode. Contes choisis, avec une préface de M. de Lescure. 2 vol.

2. **Demoustier**. Lettre à Emilie sur la Mythologie. Préface par Paul Lacroix. 3 vol.

On a ajouté 1 portrait par Moreau, avant la lettre, de Demoustier. 32 vignettes de Choquet et 18 vignettes de Desenne. Ces 50 vignettes sont plus courtes que le texte ; mais elles ont été remontées.

3. **Des Houllières** (Madame). Œuvres choisies, avec une préface par M. de Lescure.

4. **Fénélon**. Education des filles, précédée d'une introduction par Gérard.

On a ajouté 1 portrait d'après Vivien, gravé par d'Elvaux, et 1 portrait d'après Moreau, gravé sur chine. Jolies épreuves.

5. **Krudener** (Madame de). Valérie, publié par D. Jouaust.

6. **La Fayette** (Madame de). La Princesse de Clèves, par **Madame de La Fayette**, précédée d'une étude par M. de Lescure.

On a ajouté 4 figures de Desenne, gravées par Bovinet, Godefroy et Migneret, belles épreuves avant la lettre et 1 figure de J. Garnier, gravée par Lamotte, de l'Edition Conquet.

7. **Lambert** (Marquise de). Œuvres morales, précédées d'une étude critique par M. de Lescure.

8. **Legouvé.** Le Mérite des Femmes par G. Legouvé, suivi de notes de l'auteur, avec une préface par E. Legouvé, dè l'Académie française, et des extraits de son Histoire morale des femmes.

On a ajouté 15 dessins de Devéria comprenant 5 figures à l'état d'eau-forte pure, 5 épreuves avant la lettre, 4 figures et 1 fleuron sur chine avant la lettre.

Cette suite doit être très rare, car Sieurin ne l'a pas indiquée. Envoi de l'éditeur Jouaust à Mme Paul Lacroix.

9. **Marivaux.** La Vie de Marianne, précédée d'une notice par M. de Lescure. 3 frontispices de Lalauze. *Paris, Jouaust, 1882.* Trois vol. in-16, dos et coins chagr. rouge, têtes dorées, non rognés, orn. dorés et mosaïques sur les dos. *Tirage à petit nombre, papier vergé.*

10. **Roland** (Madame). Mémoires avec une préface par Jules Claretie, 2 vol. *On a ajouté 14 portraits gravés sur acier.*

60. **BIBLIOTHÈQUE ARTISTIQUE** (Petite). *Paris, Librairie des Bibliophiles (Jouaust)*, 1872-90. Les 106 vol. in-16 reliés dos et coins maroq. rouge, dos orné de petits fers (*et mosaïqué, pour la plupart*), tête dorée, non rogné, couvert. cons.

Collection complète *(moins le Boccace et le Brantôme)*, que nous avons été obligé de détailler, une bonne partie possédant des vignettes, des portraits, etc., ajoutés par l'amateur.

Un grand nombre de ces vignettes, anciennes ou modernes, sont très rares.

La plupart de ces ouvrages sont aujourd'hui fort recherchés.

1. **Beaumarchais** (Caron de). Le Barbier de Séville.—Le Mariage de Figaro. Avec notice de Auguste Vitu, dessins de S. Arcos, gravés à l'eau-forte par Monziès. 2 vol.

On a ajouté 1 portrait de Beaumarchais, 2 vignettes de T. Johannot et 1 photographie d'après Carraud.

2. **Bernardin de Saint-Pierre.** Paul et Virginie, précédé d'une étude sur les origines de Paul et Virginie par S. Cambray. 6 eaux-fortes, compris le portrait de Laguillermie. 1 vol.

On a ajouté 8 vignettes de Desenne, Girodet, Isabey, Lafitte, Moreau, Prudhon, J. Vernet, gravées par Dambrun, Bessin, Longueil, Roger et Ruhierre. — 6 eaux-fortes en sanguine de Lalauze, de l'Édition Liseux. — 2 eaux-fortes pures de Desenne. — 3 vignettes du même, avant la lettre. — 1 portrait de Marguerite et de Paul endormi, gravé en taille-douce par T. A. Déhan, — 1 portrait de Paul et son chien, de T. Johannot, gravé en taille-douce par Aiemann. — 1 photographie de Goupil, d'après Bertrand.

Au total : 28 pièces.

3. **Brillat-Savarin**. Physiologie du goût, avec une notice de Charles Monselet. 52 eaux-fortes de Lalauze. 2 vol.

On a ajouté : 1 portrait de Bertall, gravé sur acier par Geoffroy, et un autre joli portrait dessiné par Stanley, gravé à l'eau-forte, en bistre, par Passot.

4. **Les Caquets de l'Accouchée**, publiés par D. Jouaust, avec une préface de Louis Ulbach. 14 eaux-fortes de Lalauze. 1 vol.

5. **Cazotte** (Jacques). Le Diable Amoureux, avec la préface de Gérard de Nerval. 7 eaux-fortes par Lalauze. 1 vol.

6. **Cent Nouvelles nouvelles**. Les Dix Dizaines des Cent nouvelles nouvelles, avec notices, notes et glossaire par M. Paul Lacroix. Dessins de Jules Garnier, **double suite** des 10 vignettes : l'une gravée à l'eau-forte, avant la lettre, et l'autre en photogravure. 4 vol.

7. **Cervantès**. L'Histoire de Don Quichotte de la Manche, par Michel Cervantès, première traduction française par C. Oudin et F. de Rosset, avec une préface de E. Gebhert. 18 eaux-fortes d'après Worms, gravées par Los Rios. 6 vol.

On a ajouté : 6 portraits de Cervantès, gravés sur acier d'après Desenne, Bertonnier, Hopwood, etc.

1 portrait et 8 vignettes de Fragonard, gravés à l'eau-forte par Denon, sur blanc, avant la lettre.

10 vignettes sur blanc, dont 9 avant la lettre et 1 avec lettre de Charlet.

15 vignettes sur chine, avant la lettre, de Courtin.

Au total 58 pièces.

8. **Chevigné** (Le comte de). Les Contes Rémois, précédés de la Muse Champenoise par Louis Lacour. 7 Dessins de Jules Worms, gravés à l'eau-forte par P. Rajon. 1 vol.

9. **Florian**. Fables, avec une préface par Honoré Bonhomme. 7 dessins d'Emile Adam, gravés à l'eau-forte par Le Rat. 1 vol.

10. **Foë** (Daniel de). Vie et Aventures de Robinson Crusoë, traduction de Pétrus Borel. Avec huit eaux-fortes de Mouilleron et portrait gravé par Flammeng. 4 vol.

On a ajouté : 8 figures d'après Samson (éd⁰ⁿ Mame), 6 figures avec la lettre de Devéria, 4 eaux-fortes de Duvivier (très rares).

Au total : 27 pièces.

11. **Galland**. Les Mille et une Nuits. Contes Arabes. Réimpression sur l'édition originale, avec une préface de Jules Janin, vingt et une eaux-fortes par A. Lalauze. 10 vol.

12. **Gœthe**. Les souffrances du Jeune Werther, traduction nouvelle par Madame Bachellery, préface de P. Stapfer. 7 eaux-fortes de Lalauze. 1 vol.

13. **Goldsmith** (Olivier). Le Vicaire de Wakefield, traduction, préface et notes par Charles Nodier. 9 eaux-fortes de Lalauze. 2 vol.

14. **Hoffmann**. Contes Fantastiques, avec une préface de G. Brunet. 11 eaux-fortes de Ad. Lalauze. 2 vol.

15. **La Fontaine.** Fables, avec l'Eloge de La Fontaine par Champfort. 12 dessins d'Emile Adam, gravés à l'eau-forte par Lerat et 1 portrait. 2 vol.

On a ajouté : 1 portrait et 12 eaux-fortes dites des 12 peintures de l'Edition Jouaust.

1 portrait et 72 eaux-fortes d'après Oudry, gravés par Courtry, Monziès, etc., pour l'édition Lemerre.

Soit au total : 99 pièces y compris les 13 de l'édition.

16. **La Fontaine,** Contes, publiés par D. Jouaust, avec une préface de Paul Lacroix. 11 dessins d'Ed. de Beaumont, gravés à l'eau-forte par Boilvin. 2 vol.

On a ajouté : *1 joli portrait de La Fontaine par St-Aubin, de l'édition Renouard.*

La suite de 74 vignettes de Desenne, Chasselat, Monnet, etc., de l'Edition Nepveu de 1813, épreuves modernes, avant la lettre.

La suite de 9 vignettes de Moreau, de l'édition de 1822.

La suite de 1 portrait et 40 estampes d'après Fragonard, Lancret, Pater, etc., gravés par Courtry, Monziès, etc, pour l'édition Lemerre.

2 vignettes de Fragonard, avant la lettre, gravées à l'eau-forte, pour l'édition Rouquette : « Joconde, le Lit » et le « Faiseur d'oreilles. »

1 vignette de Monnet, gravée par Los Rios, pour l'édition Rouquette (Imitation d'Anacréon).

1 jolie vignette spécimen de Fragonard, gravée par de Mare, pour l'éditeur Conquet : « Le Calendrier des Vieillards ».

1 jolie eau-forte pure, d'après Fragonard, gravée par de Mare, pour l'édition Conquet « Belphégor ».

1 jolie vignette d'Eisen, gravée, avant la lettre, « Le Pape de Papefiguière », épreuve découverte.

Au total : 143 pièces.

17. **Le Sage.** Histoire de Gil Blas de Santillane, précédée d'une préface par H. Reynald. 13 eaux-fortes par R. de Los Rios. 4 vol.

On a ajouté : 1 eau-forte de Los Rios qui ne figure pas dans celles de l'édition.

16 eaux fortes de H. Pille, gravées par Monziès pour l'édition Lemerre.

9 vignettes, gravées sur acier d'après Smircke et Desenne.

4 vignettes, gravées sur acier d'après Marillier.

Soit au total : 43 pièces.

18. **Le Sage.** Le Diable Boiteux, avec une préface par H. Reynald. 9 gravures à l'eau-forte par Ad. Lalauze. 2 vol.

On a ajouté la suite de 9 eaux-fortes, dessinées par H. Pille, gravées par Louis Monziès, éditées par Lemerre.

19. **Louvet de Couvray.** Les Amours du chevalier de Faublas, avec une préface par Hippolyte Fournier. 15 dessins et 1 portrait, de Paul Avril, gravés à l'eau-forte par Monziès. 5 vol.

On a ajouté : 4 vignettes de Marillier, gravées par Champollion, en bistre, sur japon, et la suite de 20 vignettes de Marck, gravées par Rogier et Blanchard.

Soit au total : 40 pièces.

20. **Maistre** (Xavier de). Voyage autour de ma Chambre, **suivi de** l'Expédition nocturne, par Xavier de Maistre, préface par Jules Claretie, 6 eaux-fortes par Hédouin. 1 vol.

21. **Marguerite de Navarre.** — Les Sept Journées de la Reine de Navarre, suivies de la huitième (édition de Claude Gruget, 1559). Notices et notes par Paul Lacroix, index et glossaire. 8 eaux-fortes par Flameng. 8 vol.

On a ajouté 1 portrait de Marguerite de Navarre, gravé sur acier, avant la lettre.

22. **Montesquieu.** Lettres Persannes, publiées en deux volumes, avec une préface par M. Tourneux. 9 dessins de Ed. de Beaumont, gravés à l'eau-forte par Boilvin. 2 vol.

23. **Nadaud** (Gustave). Chansons de salon, légères et populaires. 12 eaux-fortes par Edmond Morin. 3 vol.

24. **Perrault** (Ch.). Les Contes, précédés d'une préface par P. L. Jacob (bibliophile), et suivis de la dissertation sur les Contes des fées, par le baron Walckenaer. 12 Eaux-fortes par Lalauze. 2 vol.

On a ajouté : 13 eaux-fortes de Pille, gravées par Monziès ;
1 eau-forte, sanguine, de Garnier, d'après Gigoux ;
1 suite de 20 vignettes sur chine volant en double épreuves, bistre et bleue, par Gerbier, gravées par Rebel, avant la lettre.
Soit en tout 66 pièces.

25. **Prévost** (l'Abbé). Histoire de Manon Lescaut et du Chevalier des Grieux, précédée d'une étude par Arsène Houssaye. 6 eaux-fortes par Hédouin. 2 vol.

On a ajouté : 8 vignettes dessinées par Lefèvre et gravées par Coiny, tirage moderne sur hollande, en très bonnes épreuves.
1 portrait gravé sur acier d'après J. J. Frilley.
1 portrait et 2 eaux-fortes de Lalauze,
1 vignette de Marillier.
Soit au total : 19 pièces.

26. Les **Quinze Joyes de Mariage**, avec notes et glossaire par D. Jouaust et une préface de L. Ulbach. 21 eaux-fortes de Lalauze dans le texte.

27. **Rabelais.** Les cinq Livres, ornés de 11 eaux-fortes de E. Boilvin. 5 vol.

On a ajouté : 16 eaux-fortes de Bracquemont, de l'édition Lemerre.
17 vignettes d'après Dubourg et Picard, tirage moderne sur hollande.
3 jolis portraits par Lalauze, Gilbert et Hopwood.
1 photographie par Goupil.
Au total : 48 pièces.

28. **Rousseau** (J.-J.). La Nouvelle Héloïse, avec une préface par J. Grand-Carteret, Dessins de Edmond Hédouin, gravés par lui-même, et Toussaint, eaux-fortes de Lalauze imprimées dans le texte (19). 6 vol.

On a ajouté : la suite de 13 vignettes de Gravelot en 1ᵉʳ tirage.
La suite de 11 vignettes de Moreau.
1 vignette de Cochin.
Au total 43 pièces (les 25 pièces ajoutées sont anciennes et ravissantes).

29. **Rousseau** (J.-J.), Les Confessions, avec une préface par Marc-Monnier. 13 eaux-fortes, gravées par Ed. Hédouin. 4 vol.
On a ajouté : 3 vignettes de Le Barbier, gravées à l'eau-forte par Nargeot, — 1 portrait d'après Lemire, de l'édᵒⁿ Conquet, — 3 vues de C. Bourgeois, — 10 vignettes gravées d'après les dessins de Moreau.
Soit au Total 30 pièces.

30. **Scarron.** Le Roman Comique. 10 eaux-fortes de L. Flammeng. 3 vol.
On a ajouté 16 planches et 1 portrait gravés par de Mare, d'après Pater et Romain, pour l'éditeur Rouquette.
Au total : 27 pièces.

31. **Silvio Pellioo.** Mes Prisons. 7 dessins de Bramtot, gravés à l'eau-forte par Toussaint. 1 vol.

32. **Staal-Delaunay.** Mémoires, avec une préface par Madame la Baronne Double. 41 eaux-fortes par Ad Lalauze. 2 vol.

33. **Sterne** (Laurence). Voyage Sentimental en France et en Italie, traduction nouvelle par Alfred Hédouin. 6 eaux-fortes par Edmond Hédouin. 1 vol.
On a ajouté une étude gravée à l'eau-forte par Hédouin (Le Mari).

34. **Straparole.** Les Facétieuses nuits du Seigneur J. F. Straparole. 14 dessins de J. Garnier, gravés à l'eau-forte par Champollion. 4 vol.

35. **Swift** (Jonathan). Les quatre voyages du Capitaine Lemuel Gulliver, traduction de l'Abbé Desfontaines, revue, complétée et précédée d'une notice par H. Reynald. 10 eaux-fortes de Lalauze. 4 vol.
On a ajouté une suite de 10 jolies vignettes de Lefèvre avec légende en anglais.

36. **Voltaire.** Romans. 12 eaux-fortes de Laguillermie. 5 vol.
On a ajouté 1 portrait sur japon gravé en sanguine par Loizelet, — 1 portrait d'après Chasselat, en pied, gravé par Baquoy, — 1 portrait gravé à l'eau-forte sur chine volant, — 1 portrait gravé à l'eau-forte par Monziès, — 15 vignettes de Monnet, gravées à l'eau-forte par Monziès, de l'édition Lemerre.
Au total 31 pièces.

61. **Bijoux des neuf Sœurs** (Les). Illustrations de Cortazzo. *Paris, Rouveyre et Blond,* 1884. In-16, dos et coins mar. bleu, tête dorée, dos orné et mosaïqué, non rogné, couvert. cons.

Tiré à 50 ex. sur japon (nᵒ 35).

62. **Boccace.** Le Décaméron, traduction complète par Antoine Le Maçon, secrétaire de la Reine de Navarre. *Paris, Liseux,*

1879. Six vol. in-18, dem. rel. veau fauve, dos orné, tranches peignes, couvert. conservées.

On a ajouté 1 portrait et 12 eaux-fortes gravées par L. Flameng, de l'éd⁰ⁿ Jouaust; 1 eau-forte de Lalauze et *21 figures libres,* d'après Gravelot, sur chine volant. *Au total : 35 pièces.*

63. **Boileau.** Œuvres poétiques, avec notices par M. Poujoulat. Eaux-fortes de Foulquier. *Tours, Mame,* 1870. Gr. in-8, dos et coins maroq. mauve, tête dorée, couvert. conservée, non rogné, dos orné de petits fers.

On a ajouté 6 gravures de Moreau le jeune, pour le Lutrin, de l'éd⁰ⁿ Renouard.

64. **Borel** (Pétrus). Madame Putiphar. Edition conforme, pour le texte et les vignettes, à l'éd⁰ⁿ de 1839. Préface de J. Claretie. *Paris, Willem,* 1877. En 2 vol. in-8, chagr. rouge, plats toile, tr. dor.

On a ajouté 8 vignettes en bistre, et 1 vignette de la même suite, tirée en bleu, d'après Michel Armajor.

65. **Born** (J. de). La Monacologie ou Histoire naturelle des Moines, nombreuses figures. *Rouen, Lemonnyer,* 1879. — **Le Christ au Vatican,** agrémenté d'une eau-forte de Rops. *Bruxelles, Kistemackers,* 1880. *(Tirage à 250 ex. sur papier de couleur).* 2 vol. in-16, reliés en 1 seul, demi-veau rouge, couv. cons.

L'eau-forte de Rops est très rare, et le texte du « Christ au Vatican », (édition de bibliophile), est imprimé sur fond lilas et encadré.

66. **Bossuet.** Les Oraisons Funèbres, notices par Poujoulat. Portraits et vignettes à l'eau-forte, de Foulquier. *Tours, Mame,* 1874. Grand in-8, dos et coins maroq. rouge, dos orné, tr. dorées, couv. conservée.

On a ajouté 7 portraits gravés sur acier.

67. **Bossuet.** Oraison funèbre du Grand Condé, par J.B. Bossuet, évêque de Meaux. *Paris, Damascène Morgand et Charles Fatout,* 1879. In-4, broché, non rogné, couv. *Gravures avant la lettre.*

68. **Bossuet.** Discours sur l'Histoire Universelle, avec notice par Poujoulat. Gravures, portrait à l'eau-forte de Foulquier.

Tours, Mame, 1870. Gr. in-8, dos et coins maroq. rouge, dos orné, tr. dorées.

> On a ajouté 1 portrait de Bossuet, de Rigault, gravé par Pigeot.
> 14 gravures d'après les grands maitres, gravées au burin, de l'éd^{ion} Furne.
> 2 gravures d'après Guide et Raphaël, gravées au burin par Lhottelier et Geoffroy.
> 1 eau-forte en sanguine, de Duplessis-Bertaux, d'après un dessin de Raphaël, (à Paris chez Bonneville).
> 2 photograv. de Goupil, d'après Raphaël et Gosse : « La Création et la Tentation ».
> *Au total : 20 pièces ajoutées.*

69. **Bouchot** (Henri). La Toilette à la Cour de Napoléon, 1810-1815. Chiffons et politique de grandes dames, d'après des documents inédits. 1 vol., *Portrait.*— Les élégances du second Empire. 1 vol., *48 photogr. Paris, Libr. illustr., s. d.* 1 vol. in-8 et 1 vol. in-16, reliés demi-veau fauve, dos orné, tr. jasp.

70. **Bouchot** (Henri). Le Luxe Français. L'Empire. Illustration documentaire d'après les originaux de l'époque. (Nomb. fig. dans le texte et planches hors texte noires et en couleurs). *Paris, Libr. illustrée, s. d.*, (1892). In-4, dos et coins maroq. vert, dos orné, tête dorée, non rogné, couv. ill., cons.

> Exemplaire de don, en papier velin.

71. **Bouchot** (Henri). Le Luxe Français. La Restauration. Illustration documentaire, d'après les originaux de l'époque. (Nomb. figures dans le texte et planches noires et en couleurs hors texte). *Paris, Libr. illustrée, s. d.* (1893). In-4, dos et coins maroq. bleu, dos orné, tête dorée, non rogné, couv. ill. cons.

> Envoi autographe à M. Philippe Gille, signé de l'auteur, sur le faux-titre.

72. **Bouchot** (Henri). Les Livres modernes qu'il convient d'acquérir. — Les Livres à vignettes, du xve au xviiie siècles. — Les Livres à vignettes du xixe siècle. — De la Reliure. *Paris, Rouveyre*, 1891. Quatre vol. in-16, dos et coins chagr. bleu, tête dorée, non rogné, ornem. dorés et mosaïqués sur le dos, couv. cons.

> Jolie série complète et fort intéressante. Chaque vol. est orné de gravures.

73. **Boufflers**. Contes en vers et en prose, précédés d'une notice par Eugéne Asse. Portrait gravé à l'eau-forte par Lalauze. *Paris, Libr. des Bibliophiles*, 1878. In-16, dem.-rel. veau fauve, dos orné, tr. jaspées, couv. cons.

> On a ajouté 6 eaux-fortes de Poirson, gravées par Mongin, de l'édition Quantin.

74. **Boufflers** (Stanislas de). Aline, reine de Golconde. Illustré de 14 compositions par Léon Galand, gravées à l'eau-forte par A. Delzers. Préface par Camille Mauclair. *Paris, Ferroud*, 1901. In-8, dos et coins chagr. citron, dos orné et mosaïqué, têté dorée, non rogné, couv. cons.

> Tirée à 240 ex. sur vélin d'Arches (n° 170).
> On a ajouté : 1 vignette non terminée de Devéria, « Le pot au lait renversé. » — 1 portrait de Boufflers, de Lalauze, gravé à l'eau-forte, avant la lettre, et le prospectus illustré de la publication.
> Ex-Libris Massicot.

75. **Bourgeois** (Emile). Le Grand Siècle. Louis XIV, les Arts, les Idées. *Paris, Hachette*, 1896. Grand in-8, reliure de l'éditeur, maroq. rouge, dos et plats ornés de fers spéciaux, tr. dorées.

76. **Brantôme**. La Vie des Dames galantes, tirées des mémoires de Messire Pierre de Bourdeille, Seigneur de Brantôme. Dessins de H. Pille, gravés à l'eau-forte par Champollion. *Paris, Arnaud et Labat*, 1879. Trois vol. in-16, dos et coins maroq. rouge, dos orné de petits fers, têtes dorées, non rognés, couvert. cons.

> On a ajouté une eau-forte de Beaumont, gravée par Boilvin, de l'édition Jouaust : « Le gant dans le lit, » discours 11.

77. **Brispot** (Abbé). La Vie de N. S. Jésus-Christ, écrite par les quatre Evangélistes, rédigée et présentée aux gens du monde, comme aux âmes pieuses, par l'abbé Brispot, et illustrée de 130 gravures sur acier, tirées sur papier de chine, provenant des dessins de la collection du P. Jérôme Natalis. *Paris, Pilon*, 1853. Deux vol. in-folio, papier vélin, texte encadré, dos chagr. noir, plats toile, tranches dorées.

78. **Brochures politiques et littéraires,** comprenant :

> 1° **E. de Girardin**, Unité de collège, abolition des zones électorales, bulletin uninominal. *Paris, Lévy*, 1874. *On a ajouté :* une lettre

avec son enveloppe timbrée, écrite par E. de Girardin à M. Duvivier au sujet de l'élection de l'Oise, en 1876, dans laquelle il acceptait la candidature, et un portrait de E. Girardin, lithographié par Julien.

2° **Jules Favre**. Discours sur la Seconde Expédition Romaine, prononcé au corps législatif le 2 Décembre 1867. *Paris, Le Chevallier.* On a ajouté : 2 lettres avec leurs enveloppes timbrées, adressées par J. Favre à une plaideuse, au sujet d'un procès civil, elles sont datées du 3 Juillet 1874 et 9 Décembre 1876.

3° **Louis Olivier**. Le Curé Assassin, illustré. On y a joint une lettre de l'auteur, avec l'enveloppe datée du 30 Novembre 1883. (Affaire du Curé Frérot de Saintines).

4° **A. Martin**. Lettre à ce bon M. Louis Veuillot, par un abonné ecclésiastique du Figaro. *Paris, Sandoz et Fischbacher,* 1875. On a ajouté une lettre et son enveloppe adressée par l'auteur, datée du 9 Mars 1877.

5° **Duc D'Aumale**. La question Algérienne, à propos de la lettre adressée par l'Empereur au Maréchal de Mac-Mahon. On y a joint une lettre et son enveloppe, écrite par le secrétaire du duc D'Aumale, au sujet d'une pétition, lettre datée du 21 Janvier 1873.

Cinq brochures réunies en un vol. in-8, dos et coins maroq. rouge, dos orné, tête dorée, non rogné.

79. Brochures Politiques et Littéraires, comprenant :

1. **Amédé de Cesana** — La Maison de France, avec une belle photographie du Comte de Paris et un fac-simile de sa signature. *Paris, Blairiot-Gauthier, 1884.*

2. **Louis Blanc** — La Révolution de Février au Luxembourg. *Paris, Lévy, 1849.* On a ajouté une lettre et son enveloppe timbrée, adressée par l'auteur au sujet de la candidature Buffenoir, dans l'Oise, datée du 19 septembre 1876.

3. **Réné Maral** — Le Cabinet du Gésu. *Paris, Sandoz et Fischbacher, 1877.*

3 vol. réunis en un seul, in-16, dos et coins maroq. rouge, dos orné, tête dorée, non rogné.

80. Byron. Œuvres, traduction de M. Amédé Pichot, ornées d'un portrait sur chine par Hopwood. *Paris, Furne,* 1830. En 6 vol. in-8, demi-rel. veau fauve, dos orné, tranches peigne.

On a ajouté 1 portrait et 14 vignettes de Tony Johannot, gravés sur acier, et 38 portraits des femmes de lord Byron, gravés sur acier, provenant d'une édition anglaise.

81. Campan (Madame). Mémoires sur la vie privée de Marie-Antoinette, reine de France et de Navarre, par Mme Campan, lectrice de Mesdames et première femme de chambre de la

Reine, mis en ordre et publiés par M. Barrière. *Paris, Baudoin*, 1823. Trois vol. in-8, dem. rel. veau fauve, dos orné, tranches jasp.

On a ajouté 1 joli portrait de l'auteur, gravé sur acier.

82. **Cappiello**. 70 dessins. *Paris, Floury*, 1905. In-4, br., non rog., couv. ill.

Tiré à petit nombre, exempl. numéroté.

83. **Cervantès**. L'Ingénieux Hidalgo Don Quichotte de la Manche, par Michel de Cervantès Saavedra, traduction de Louis Viardot. Avec 370 compositions de Gustave Doré, gravées sur bois par H. Pisan. *Paris, Hachette*, 1869. Deux vol. petit in-folio, demi. rel. chagrin rouge, plats toile, tranches dorées. 1er *tirage*.

84. **Cervantès**. L'Ingénieux Chevalier Don Quichotte de la Manche, par Michel de Cervantès Saavedra, traduction nouvelle, illustrations de Grandville. *Tours, Mame*, 1877. In-8, dos chag. rouge, plats toile, tr. dorées.

85. **Chambure** (Auguste de). Napoléon et ses contemporains. Suite de gravures représentant des traits d'héroïsme, de clémence, de générosité, de popularité, avec texte. *Paris, Renouard*, 1828. In-4, dos et coins maroq. marron, dos orné, grandes marges ébarbées.

Grand papier velin, orné de 1 portrait, 2 frontispices et 44 planches sur chine.

86. **Champfleury**. Les Artistes célèbres. La Tour. Ouvrage orné de 15 gravures. *Paris, Rouam*, 1886. Petit in-4, dem. rel. chagr. vert, dos orné, non rogné, couv. cons.

Un des 100 ex. sur japon, avec double suite des 15 gravures (n° 19). On a ajouté 3 jolis portraits, d'après les pastels de Latour, en photogravure : M. et Mme de La Reynière et Mme Sallé.

87. **Champfleury**. Henri Monnier, sa vie, son œuvre, avec un catalogue complet de l'œuvre. Cent gravures, fac-simile et un frontispice colorié à l'aquarelle. *Paris, Dentu*, 1889. Un vol. in-8, broché, non rogné, couv.

On a ajouté 1 portrait gravé de Champfleury, en sanguine, sur chine, entouré de divers objets naturalistes, d'après Courbet, par Bracquemont, avant la lettre.

88. **Chansonniers. Pierre Dupont.** Muse populaire. Chants
et Poésies, 1 vol. — **Béranger.** Chansons, 1815-34, contenant
les dix chansons publiées en 1847. Œuvres posthumes. Dernières chansons, 1834 à 1851. Ma Biographie, appendice, notes, etc., 2 vol. — **Désaugiers.** Chansons et poésies. 1 vol. —
L. Montjoie. Chansons populaires de la France, anciennes et
modernes, 1 vol. — **La Gaûdriole.** Chansonnier joyeux, facé-
tieux et grivois, 1 vol. -- **La Goguette,** ancienne et moderne:
Choix de chansons nationales, bachiques, joyeuses et populaires. 1 vol. — **Trésor des chansons** joyeuses et populaires, anciennes et nouvelles. 1 vol. — **La mère Godichon,** ou
la Gaudriole de 1863. 1 vol. — **La nouvelle Gaudriole,** chansons et chansonnettes nouvelles. 1 vol. *Paris, Garnier, etc.*
Ensemble 10 vol. in-32, reliés demi-veau, dos orné, tr. peigne
ou tr. jasp.

Le vol. de Pierre Dupont est un petit in-12.

89. Chasles (Philarète). Révolution d'Angleterre. Charles 1ᵉʳ
et sa cour, son peuple et son parlement (1630-1660). 18 planches hors texte sur acier et sur bois. *Paris, Janet, s. date,*
(1844). Gr. in-8, dem. rel. maroq. rouge, tr. jaspées. *Légères*
rousseurs.

90. Chasse illustrée. Almanach de la Chasse illustrée. Années
1870-71, — 1874-75 à 1909. *Paris, Didot,* 1870-1909. Le tout
relié en 4 vol. in-4, dos chagrin vert et orné, non rogné, couv.
cons. *Très nombreuses gravures.*

91. Chateaubriand. Atala. Dessins de G. Doré. *Paris, Ha-*
chette, 1863. In-folio, dos chagr. rouge, plats toile, dos et plats
ornés, tranches dorées (rel. de l'Editeur).

Planches avant la lettre. 1ᵉʳ tirage.

92. CHATEAUBRIAND. Œuvres complètes, y compris les
Mémoires d'Outre-Tombe. Nouvelle édition revue avec soin
sur les éditions originales, précédée d'une étude littéraire sur
Chateaubriand par Sainte-Beuve. Ornées de 42 vignettes dessinées par Staal, gravées sur acier par Delaunay. *Paris, Gar-*
nier, Crouzet, s. date. 18 vol. in-8, demi-rel. veau fauve, dos
orné, tr. peignes, couv. cons. (pour les 6 vol. Mémoires d'Outre-Tombe).

On a ajouté : la suite de 80 vignettes gravées sur acier de l'Edition
Pourrat, — la suite de 32 vignettes sur acier de l'Edition Furne, —
la suite de 32 vignettes sur acier de Staal pour les Mémoires d'Outre-
Tombe, — et 111 vignettes diverses gravées sur acier. **Soit au total:
297 pièces.**

93. **Chavette** (Eugène). Les Petites Comédies du Vice. — Les
Petits Drames de la Vertu. — Les Bêtises Vraies. Eaux-fortes
de Benassit, Kauffmann et Lévy. *Paris, Marpon et Flammarion*, 1882. Trois vol. in-16, demi-rel. veau fauve, dos ornés,
tr. peignes, couv. cons.

94. **Chefs-d'Œuvres de l'art** (les) du xix⁰ siècle. Peinture,
Sculpture et Gravure. Illustrés de 100 eaux-fortes hors texte
et de nombreuses gravures sur bois, texte par Lostalot, Lefort, Michel, Gonse et Wyzcwa. *Paris, Libr. illustrée, s. d.*
(1895). Cinq vol. in-4, dos et coins chagr. rouge, têtes dorées,
non rognés, dos orné (les gravures hors texte sur onglets).

On a ajouté 33 eaux-fortes et gravures diverses d'après Delacroix,
Courbet, Meissonnier, Daumier, Gavarni, etc.

95. **CHEFS-D'ŒUVRE DU ROMAN CONTEMPORAIN**
(Bibliothèque des). Collection d'ouvrages des meilleurs auteurs et que le suffrage public a consacrés. *Paris, Quantin*,
1885-89. Les 15 vol. format petit in-4 anglais, dos et coins de
chagr. bleu, tête dorée, non rog., couv. cons. *(Trois de ces
vol. sont avec dos ornés de petits fers et mosaïqués.)*

Illustrations par les meilleurs artistes, gravées à l'eau-forte, hors
texte et dans le texte.

1. **Balzac** (Honoré de). Le Père Goriot, scènes de la Vie Parisienne.
10 compositions par Lynch, gravées par Abot.
*On a ajouté un portrait gravé à l'eau-forte, par Lessore, avant
la lettre.*

2. **Balzac** (Honoré de). La Cousine Bette. 10 compositions par
G. Cain, gravées par Gaujean et Géry-Richard.
*On a ajouté, en regard du titre, un portrait avant la lettre, gravé
à l'eau-forte par Los Rios.*

3. **Bernard** (Charles de). Gerfaut. 10 illustrations de Adolphe
Weisz, gravées par Manesse. Portrait, lettrines, en-têtes, culs-de-
lampe de Montégut.

4. **Claretie** (Jules). Monsieur le Ministre. 10 compositions par
Adrien Marie, gravées par Wallet.
*On a ajouté un portrait de J. Claretie, gravé à l'eau-forte par
Nargeot.*

5. **Daudet** (Alphonse). Sapho. Mœurs parisiennes. 10 compositions par Rejchan, gravées par Abot et Duvivier, et 40 vignettes dans le texte, par L. Montégut.

On a ajouté **une aquarelle originale** *(frontispice) sur japon, par Coindre.*

6. **Feuillet** (Octave). Monsieur de Camors. 11 compositions par S. Rejchan, gravées par Mme Louveau, Rouveyre, Dumont et Duvivier. (Dos orné et mosaïqué.)

On a ajouté un portrait de Feuillet, gravé à l'eau-forte par Le Nain.

7. **Flaubert** (Gustave). Madame Bovary, mœurs de province. 12 compositions par Albert Fourié, gravées par E. Abot et D. Mordant. *(Dos orné et mosaïqué).*

On a ajouté 1 portrait de Flaubert, avant la lettre, gravé par Liphart.

La suite de 7 eaux-fortes composées et gravées par Boilvin (éd^{on} Lemerre), remargées du format du volume.

8. **Flaubert** (Gustave). Salambo. 10 compositions par A. Poirson, gravées par Mme Louveau-Rouveyre, L. Muller et G. Mercier. (*Dos orné et mosaïqué).*

On a ajouté 1 portrait de Flaubert à l'eau-forte, sur chine, par Monziès.

9. **Goncourt** (Edmond et Jules de). Germinie Lacerteux. 10 compositions de Jeanniot, gravées par Muller.

On a ajouté les portraits de Edmond et Jules de Goncourt, par Descases.

10. **Lamartine** (A. de). Raphaël, pages de la vingtième année. 10 compositions par Ad. Sandoz, gravées par Champollion.

On a ajouté 1 portrait gravé à l'eau-forte par Lessore, avant la lettre.

11. **Sand** (Georges). Mauprat. 10 compositions de Le Blant, gravées par H. Toussaint.

On a ajouté 1 portrait de G. Sand, gravé à l'eau-forte par Lessore.

12. **Sand** (Georges). La Mare au Diable. 17 illustrations composées et gravées à l'eau-forte, par Ed. Rudaux.

13. **Vallès** (Jules). L'enfant. Jacques Vingtras. 12 eaux-fortes par Renouard.

14. **Vigny** (Alfred de). Cinq-Mars, ou une Conjuration sous Louis XIII. 13 planches, lettrines, en-têtes, culs-de-lampe, par Dawant, gravés par Gaujean. 2 vol.

On a ajouté 1 portrait gravé par Champollion.

96. **Chefs-d'œuvre inconnus** (Collection des): *d'Alembert.* Le tombeau de Mlle de L'Espinasse. — *Bailleuil.* Almanach des Bizarreries Humaines. — *Bastide.* La Petite Maison. — *Brindilles Rabelaisiennes.* — *L'abbé Coyer.* Bagatelles morales. — *Duclos.* Les Confessions du Comte de ***. — *Mme d'Epinay.*

L'amitié de 2 jolies femmes, suivi de « Un rêve de Mlle Clairon. »
— *Hérault de Séchelles*. Voyage à Montbard. — *Lacroix*. Les
Annales amusantes. — *La Chaussée*. Contes, Poésies. — *Lacroix*. Les Porcherons. — *Lacroix*. Les Aventures du faux
chevalier de Warwick. — *Meusnier de Querlon*. Psaphion
ou la Courtisane de Smyrne et les Hommes de Prométhée. —
Meusnier de Querlon. Les Soupers de Daphné, suivis des
Dortoirs de Lacédémone. — *Montesquieu*. Le Voyage à
Paphos. — *Rétif de la Bretonne*. Louise et Thérèse. — *Ronchaud*, Le Filleul de la Mort. Fabliau Lorrain. — *Saint-Lam-
bert*. Contes. — *Tourneux*. Paris au XVIIIe siècle. Les promenades à la mode. — *Villeterque*. Les Veillées d'un malade.
— *Voisenon*. Anecdotes littéraires. *Paris, Jouaust*, 1874-1890.
Vingt et un vol. in-16, dos et coins mar. bleu, dos ornés,
tête dorée, non rognés, couvert. conservées. reliure Bradel.

Collection complète. Volumes publiés avec préfaces par Paul Lacroix et M. Tourneux, ornés de gravures à l'eau-forte par A. Lalauze,
et tirés sur papier de Hollande.

97. **Chevalier** (abbé Ch.). Promenades pittoresques en Touraine.
Histoire, légendes, monuments, paysages. Ornées de 124 gravures sur bois par Karl Girardet et Français, et 1 carte du
département d'Indre-et-Loire. *Tours, Mame*, 1869. Gr. in-8,
demi-rel., veau fauve, dos orné, tr. peigne.

98. **Chintreuil** (La Vie et l'Œuvre de), par A. de La Fizelière,
Champfleury, F. Henriet. 40 eaux-fortes par Martial Bauve-
rie, Taiée, Ad. Lalauze, Saffray, Selle, Paul Roux. *Paris,
Cadart*. 1874. Petit in-folio, cart. toile, non rogné, *Papier de
Hollande*.

99. **Choderlos de Laclos**. Les Liaisons Dangereuses. Lettres
recueillies dans une société et publiées pour l'intruction de
quelques autres, par C*** de L***. *Londres*, 1796. Deux volumes in-8, chagrin grenat, filets et petits fers sur les plats et au
dos, dent. intér., tranches dorées.

L'exemplaire ne contient que 14 gravures (sur 15) de Monet, Gérard,
Fragonard, etc., en très belles épreuves.
On a ajouté : 1 jolie vignette de Marillier, gravée par Duclos ;
7 vignettes de Le Barbier, montées sur chine, et 1 joli portrait de Cho-
derlos de Laclos, par Carmontelle, gravé par Morel.
En tout 23 pièces avec les 14 gravures de l'Edition.

100. Christian (P.). L'Afrique Française, l'Empire du Maroc et les déserts du Sahara. Victoires et découvertes des Français depuis la prise d'Alger jusqu'à nos jours. Illustrée par Philipoteaux, T. Johannot, E. Bellange, Isabey, E. Lamy, K. Girardet, Morel Fatio, C. Nanteuil, H. Baron, etc., *Paris, Barbier, s. d.* (1846). Grand in-8, demi-rel., veau fauve, dos orné, tête marb., non rogné, couvert. cons. (Thierry).

1ʳ Tirage, orné de vignettes sur bois, d'une carte pliée et de figures hors texte gravées sur acier, *dont 12 de costumes coloriés.*

101. Cladel (Léon). L'Amour Romantique. Préface par Octave Uzanne. Illustrations de A. Ferdinandus, gravées par Gaujean, F. Beaumont et Puyplat. *Paris, Rouveyre et Blond*, 1882. In-8, veau fauve, plats collés au bureau, orn. en relief, tr. dorées, large dentelle dorée sur les plats et à l'intérieur, garde en soie grenat, dos orné de même, couv. cons.

102. Claretie (Jules). La Canne de M. Michelet. Promenades et souvenirs. Préface par Alfred Mézières. 1 portrait et 12 compositions de P. Jazet, gravées à l'eau-forte par H. Toussaint. *Paris, Conquet*, 1886. In-8, dos et coins maroq., tête dorée, non rogné, dos orné et mosaïqué, couvert. cons. *Papier vélin (n° 227).*

103. Claretie (Jules). Bouddha. 1 frontispice et 10 vignettes de Robaudi, gravés par Nargeot. *Paris, Conquet*, 1888. In-18, dos et coins maroq. rouge, tête dorée, non rogné, dos orné, couv. cons. (Champs).

Tirage à 250 ex. sur vergé du Marais (n° 214).

104. Claretie (Jules). Le Drapeau. Ouvrage illustré de 1 frontispice et 12 vignettes par Kauffmann, gravés par Klapès. *Paris, Calmann Lévy*, 1886. Petit in-8, dos et coins mar. bleu, tête dorée, non rogné, dos orné, couvert. cons.

Tirage à 225 ex. sur vélin *pour Conquet* (n° 82), avec vignettes dans le texte.

105. Claretie (Jules). Un enlèvement au xviiiᵉ siècle. Orné de 3 eaux-fortes de Lalauze. *Paris, Dentu*, 1882. In-16, dos et coins chagr. rouge, tête dorée, non rogné, couv. cons.

106. Claretie (Jules). Peintres et Sculpteurs contemporains. Portraits gravés par Massard. Artistes décédés de 1870 à

1880. Artistes vivants en janvier 1881 (32 portraits). *Paris,
Jouaust*, 1882-1884. Deux vol. in-8, demi-rel. maroq. rouge,
têtes dorées, non rognés, dos orné.

> On a ajouté : 37 eaux-fortes, gravures, etc.
> *Soit au total, avec les 32 portraits : 69 pièces.*

107. **Clément** (Charles). Gleyre. Etude biographique et critique, avec le catalogue raisonné de l'œuvre du Maître, ouvrage orné de 30 photogravures. *Paris, Didier et C*ⁱᵉ, 1878.
Gr. in-8, dos et coins chagr. rouge, tête dorée, non rogné, dos
orné.

108. **Clément** (Charles). Histoire abrégée des Beaux-Arts.
Illustrèe de 150 gravures sur bois. *Paris, Didot*, 1879. Gr.
in-8, dos et coins chagr. rouge, tête dorée, dos orné, non
rogné.

109. **Coleridge** (Samuel). La chanson du Vieux Marin, traduite par A. Barbier et illustrée par Gustave Doré. *Paris,
Hachette*, 1877. In-folio, cart. percaline rouge (de l'éditeur),
plats ornés. *1ᵉʳ tirage.*

110. **Coligny** (Charles). La Chanson Française. Histoire de la
chanson et du Caveau, contenant l'historique des principales
sociétés chantantes et des biographies de chansonniers *Paris,
Michel Lévy*, 1876. In-4, dem. rel. chagr. rouge, dos orné,
couv. conservée. *Ouvrage contenant 90 portraits photogra-
phiés par P. Petit.*

111. **COLLECTION ANTIQUE** (Petite). *Paris, Quantin,*
1878-89. En 14 vol. in-32, dos et coins maroq. bleu, tête dorée, non rogné, dos orné de petits fers et mosaïqué, couv.
cons.

> Cette collection comprend, dans une suite de 14 vol. d'un format
> coquet, les chefs-d'œuvre de l'antiquité grecque et latine. *Papier vé-
> lin.* Chacun des vol. a une forme typographique inusitée et est orné
> de vignettes, en-têtes, culs-de-lampe, etc., tantôt dans le goût étrus-
> que, tantôt en camaïeu ou en grisaille dans le style byzantin à fond
> d'or, ou dans le genre des décorations de Pompéï.
>
> *Apulée.* L'amour et Psyché. — *Longus.* Daphnis et Chloé. — *Musée.*
> Héro et Léandre. — *Ovide.* Les Amours. — *Tatius.* Leucippe et Cli-
> tophon. — *Lucien.* Dialogues des courtisannes. — *Virgile.* Les bu-
> coliques. — *Anacréon et Sapho.* Poésies. — *Apollonius de Rhodes.*
> Jason et Médée. — *Horace.* Odes et Epodes. — *Théocrite.* Les Idylles.

— *Properce*. Les Elégies. — *Lucius*. L'Ane. — *Catulle*. Odes à Lesbie et Epithalame de Thétis et Pelée.

On a ajouté : 4 eaux-fortes d'E. Lévy, pour « Longus ».

112. COLLECTION BIJOU. *Paris, Librairie des Bibliophiles,* 1872-89. En 8 vol. in-18, dos et coins chagrin vert, tête dorée, dos orné de petits fers et mosaïqués, non rogné, couv. cons.

Texte encadré de filets rouges dans le goût ancien, compositions gravées à l'eau-forte et formant en-têtes, dessins et culs-de-lampe gravés sur bois. Couvert. imprimées or et couleurs. Ornements de Giacomelli. *Tirage à 5oo exemplaires.*

Collection complète comprenant :

1° **Longus.** Daphnis et Chloé, trad. d'Amyot. Dessins d'Em. Lévy, gravés à l'eau-forte par Flameng.

On a ajouté :

1 portrait d'Amyot et 6 eaux-fortes de Boilvin, d'après Prudhon, de l'édition Lemerre.

29 vignettes et culs-de-lampe de Prudhon, Gérard, Eisen et Folke, épreuves à la sanguine. sur chine volant, avant la lettre.

13 jolies photographies de Goupil, d'après les tableaux de peintres en renom.

Au total : 53 pièces.

2° **Saint-Pierre** (Bernardin de). Paul et Virginie. Dessins d'Em. Lévy, gravés à l'eau-forte par Flameng.

On a ajouté :

4 eaux-fortes de Foulquier, de l'édition Jouault.

8 eaux-fortes, un hollande, par Lalauze, de l'édition Liseux.

3° **Chateaubriand.** Atala, suivie de René. Dessins d'Em. Lévy, gravés à l'eau-forte par Boutelié.

On a ajouté :

1 portrait de Chateaubriand et 1 vignette d'après Gérard « l'enterment d'Atala. »

4° **La Fontaine.** Psyché. Dessins d'Em. Lévy, gravés à l'eau-forte par Boutelié.

On a ajouté :

1 portrait gravé à l'eau-forte, en sanguine, sur japon, avant la lettre.

1 lithographie tirée à 25 ex., sur vieux japon, avant la lettre, de Thorneley d'après Prudhon (L'enlèvement de Psyché).

16 photographies de Goupil, d'après les tableaux célèbres.

1 lithographie de Leclerc.

Au total : 19 pièces ajoutées.

5° **Le Tasse.** Aminthe, trad. du sieur de La Brosse (16° siècle), préface et étude par H. Reynald. Dessins de Ranvier, gravés par Champollion.

On a ajouté :

6 vignettes de Desenne, avant la lettre.

1 vignette de la même suite, coloriée.

6° **Anacréon.** Poésies, trad. et préface par M. Albert. **Dessins d'Em.
Lévy, gravés par Champollion.**

7° **Théoorite.** Les Idylles, trad. par Jules Girard. **Dessins d'Em.
Lévy, gravés par Champollion.**

8° **Eschyle.** L'Orestie, trad. de Pierron, préface par Jules Lemaître.
Dessins de Rochegrosse, gravés par Champollion.

113. Commerson. Biographie comique. 60 portraits dessinés
par Nadar et gravés par Didlot. *Paris, Passard, s. d.* In-12,
demi-veau, dos orné, tr. peigne. *Portraits-charges.*

114. Condé (Baron de). Histoire d'un vieux château de France.
Monographie du château de Montataire. *Paris, Picard,* 1883.
In-8 dem. chagr. grenat, non rogné. *Nombreuses figures et
vignettes.*

> 1ᵉʳ tirage. Envoi d'auteur sur un feuillet de garde, à M. Choppin,
> préfet de l'Oise.
> Ex-Libris de René Choppin.

115. Conegliano (Duc de). Le Second Empire. La Maison de
l'Empereur. Préface de Frédéric Masson, avec 14 héliogravures de l'époque. *Paris, O. Lévy,* 1897. In-4, dem. rel.
maroquin rouge, dos orné, non rogné, couv. cons.

116. Constant (Benjamin). Adolphe. Préface par Paul Bourget, portrait avant la lettre sur japon, gravé par Courboin,
d'après Desmarais. *Paris, Conquet,* 1889. In-16, dos et coins
maroq, tête de nègre, tête dorée, non rogné, dos orné et
mosaïqué, couvert. cons.

> Tiré à 200 exemplaires sur vélin, non mis dans le commerce,
> offert par l'éditeur.

117. Contes et Nouvelles en vers, par Voltaire, Vergier, Sé-
nécé, etc., ornés de vignettes à mi-pages de Duplessis-Bertaux. *Rouen, Lemonnyer,* 1878. Deux vol. in-18 dos et coins,
chagr. orange, dos orné, têtes dorées, non rognées.

118. Corneille (Pierre). Théâtre choisi, avec notice de M. Poujoulat. Orné de 25 sujets de Barrias, gravés à l'eau-forte par
Foulquier. *Tours, Mame,* 1880. Gr. in-8, dos et coins chagr.
rouge, tranches dorées, dos orné.

> Ex. tiré à 200 ex. sur vergé de Hollande (n° 170).

119. **Corneille** (Pierre). Album de la collection des grands écrivains. *Paris, Hachette,* 1862. Gr. in-8, dos et coins chagr. rouge, tête dorée, dos orné, non rogné, couv. cons. le tout monté sur onglets.

On a ajouté : 19 planches dessinées par Geoffroy, 2 eaux-fortes de Barrias et plusieurs portraits à l'eau-forte et sur acier.

120. **Courtisanes du second Empire** (Les). Marguerite Bellanger. Edition de luxe avec lettres autographes. *Bruxelles,* 1871. In-8, demi-veau fauve, dos orné, tr. jasp.

121. **Cox** (Georges). Les Dieux et les Héros. Contes mythologiques, traduits de l'anglais par F. Boudry et E. Deleroi, illustrés de 29 gravures sur bois. *Paris, Hachette,* 1867. In-8, dos chagr. et orné, plats toile, tranches dorées.

122. **Crébillon fils**. Le Sopha. Illustré de 3 eaux-fortes d'Henriot. *Bruxelles, Gilliet,* 1881. Petit in-8, dos et coins chagr. rouge, tête dorée, non rogné.

Ex. sur Hollande (Nº 275).

123. **Crébillon fils**. Le Hasard du Coin du Feu. *Paris, Liseux,* In-32, demi-rel. veau fauve, dos orné, tr. peignes, couv. cons. On a ajouté 1 portrait gravé sur acier.

124. **Crébillon fils**. La Nuit et le Moment, ou les Matinées de Cythère. *Bruxelles, Brancart,* 1883. In-12, demi-rel. veau fauve, dos orné, tranches peigne, couv. cons.

125. **Dante**. L'Enfer. Dessins de G. Doré. Traduction française de Pior. Angelo Fiorentino, accompagné du texte italien (76 grandes compositions). *Paris, Hachette,* 1862. In-folio, cart. toile, plats ornés, non rogné (rel. de l'éditeur).

1ᵉʳ tirage. Gravures avant la lettre. Très bon état intérieur. Cartonnage un peu défraichi.

126. **Dante Alighieri**. La Divine Comédie, traduite en français et annotée par Artaud de Montor. Nouvelle édition, précédée d'une préface par Louis Moland. Illustrations de Yan' Dargent. *Paris, Garnier,* 1879. Grand in-8, demi-rel. chagr. marron, dos orné, tr. jaspées. *Planches hors texte et gravures dans le texte.*

127. **Darboy** (Mgr). Les Femmes de la Bible. Avec collection de portraits des femmes célèbres de l'Ancien et du Nouveau Testament, gravés d'après les dessins de G. Staal. *Paris, Garnier, s. d.* Deux vol. gr. in-8, dos chagr. noir, plats toile, tranches dorées.

128. **Dash** (Comtesse). Les dernières Amours de Mme Du Barry, précédées d'une notice sur les maîtresses de Louis XV, par Paul de St-Victor. *Paris, Plon*, 1864. In-8, demi-veau fauve, dos orné, tr. jasp., couv. cons. *6 portraits ajoutés.*

129. **Daudet** (Alphonse). Aventures prodigieuses de Tartarin de Tarascon, illustrées par Jeanniot. *Paris, Dentu*, 1887. In-8, carton. toile rouge, dots et plats ornés, tête dorée, non rogné (rel. de l'éditeur). *1er tirage.*

130. **Daudet** (Alphonse). Tartarin sur les Alpes, nouveaux exploits du Héros Tarasconais. Illustré d'aquarelles par Aranda, de Beaumont, Montenard, Myrbach, Rossi, gravure de Guillaume frères. *Paris, Lévy*, 1885. In-8, demi-chagr. vert, dos orné, tr. jasp., couv. ill. cons.

On a ajouté 1 portrait en phototypie de A. Daudet.

131. **Daudet** (Alphonse). Port-Tarascon, dernières Aventures de l'illustre Tartarin. Dessins de Bicler, Conconi, Montégut, Monténard, Myrbach et Rossi. *Paris, Dentu*, 1890. In-8, demi-chag. vert, dos orné, tr. jasp., couv. ill. cons.

On a ajouté 1 portrait en phototypie de A. Daudet.

132. **Daudet** (Alphonse). Robert Helmont, journal d'un solitaire. Dessins et aquarelles de Picard et Montaigut, gravure de Guillaume frères. *Paris, Dentu*, 1888. In-8, dos et coins cuir crocodile, plats toile ornés, tête dorée, non rogné.

133. **Daudet** (Alphonse). Fromont jeune et Risler aîné, mœurs parisiennes. Notice littéraire par G. Geoffroy. 12 compositions de Bayard, gravées à l'eau-forte par J. Mossard. *Paris, Conquet*, 1885. 2 vol. in-8, dos et coins maroq. vert, tête dor., non rogné, dos ornés et mosaïqués, couv. conservées.

Tirage à 350 exemplaires sur vélin du Marais (n° 300).

134. **Daudet** (Alphonse). Trois Souvenirs. Illustrations de Georges Picard. *Paris, Guillaume*, 1896. In-32 chagr. grenat, dentelle intérieure, orn. sur le 1er plat, couv. cons.

135. **David.** Histoire d'Angleterre, représentée par 96 figures d'après Binet, Gois, Lejeune, Monnet, Mortimer et Van Dyck, gravées en taille-douce par F. A. David, accompagnée de discours par Le Tourneur et Guyot. 2 titres gravés. *Paris, chez l'Auteur*, 1784. Deux vol. in-4, reliure veau racine, dos orné (rel. de l'époque).

136. **Davillier** (Charles). Le Tour du Monde. Voyage en Espagne. Illustré de 325 compositions de Gustave Doré. *Paris, Hachette*, 1872. In-4, dem. rel. veau fauve, dos orné, tranches peigne.

137. **Dayot** (Armand). Charlet et son œuvre. 118 compositions lithographiques, peintures à l'huile. aquarelles, sépias et dessins inédits. *Paris, May*, 1893. In-4, dos et coins veau rouge, tête dorée, non rogné, couv. conservée, dos orné.

138. **Dayot** (Armand). Raffet et son œuvre. 100 compositions lithographiques, peintures à l'huile, aquarelles, sépias et dessins inédits. *Paris, May, sans date* (1893). In-4, dos et coins veau rouge, tête dorée, non rogné, dos orné, couv. conservée.

139. **Dayot** (Armand). Les Vernet : Joseph, Carle et Horace. *Paris, Magnier*, 1898. Un vol. in-4, dem. rel chagr. vert, dos orné, tête jasp., non rogné, couv. cons.

L'un des 70 exemplaires sur papier du Japon. Nombreuses gravures dans le texte et hors texte.

140. **Dayot** (Armand). Les Maîtres de la Caricature française au xixe siècle. 115 fac-similés de grandes caricatures en noir, 5 fac-similés et lithographies en couleur. *Paris, Quantin, s. date* (1892). In 4, dos et coins veau rouge, tête dorée, non rogné, dos orné, couv. cons.

On a ajouté 11 caricatures en noir et en couleur de Daumier, Philippon, du Journal *La Caricature* (sous Louis-Philippe). Bonnes pièces.

141. Dayot (Armand). L'Image de la Femme. *Paris, Hachette,* 1899. In-4, dos et coins maroq. bleu, tête dorée, non rogné, dos orné, couv. conservée. Très nombreuses gravures hors texte et dans le texte.

On a ajouté 1 joli portrait de Diana Duhamel.

142. Dayot (Armand). Napoléon raconté par l'image, d'après les sculpteurs, les graveurs et les peintres. *Paris, Hachette,* 1895. In-4, relié maroq. vert, orn. dorés sur le dos et sur les plats, tr. dorées (reliure de l'Editeur).

143. Dayot (Armand). De la Régence à la Révolution. La Vie Française au xviiie Siècle. *Paris, Flammarion, sans date* (1906). In-4 oblong, en feuilles, non rogné.

144. Dayot (Armand). La Révolution Française, d'après les peintres, sculpteurs, graveurs, médailles, objets du temps. *Paris, Flammarion,* 1896. In-4 oblong, en feuilles, non rogné.

145. Dayot (Armand). Napoléon. Illustrations d'après des peintures, sculptures, gravures, objets, etc. du temps. *Paris, Flammarion, sans date* (1909). In-4 oblong, en livraisons, non rogné.

146. Dayot (Armand). La Restauration (Louis XVIII et Charles X), d'après l'image du temps, édition de la Revue Blanche. *Paris, s. date* (1902). In-4 oblong, en livraisons, non rogné.

147. Dayot (Armand). Journées Révolutionnaires, 1830-1848, d'après les peintres, sculpteurs ; dessins, lithographies, médailles, autographes, objets du temps. *Paris, Flammarion,* 1897. In-4 oblong, en feuilles, non rogné.

148. Dayot (Armand). Le Second Empire (2 décembre 1851 — 4 septembre 1870), d'après plus d'un millier de peintures, sculptures, gravures, etc. *Paris, Flammarion,* 1901. In-4 oblong, en livraisons, non rogné.

149. Dayot (Armand). L'Invasion, le Siège, la Commune, 1870-1871, d'après les peintures, gravures, photographies, objets du temps. *Paris, Flammarion, s. date* (1900). In-4 oblong, en livraisons, non rogné.

150. Delille. Œuvres, avec les notes de MM. de Parceval, Grandmaison, etc. Edition ornée de 13 portraits et vignettes gravées sur acier, d'après T. Johannot. *Paris, Lefèvre,* 1833. Gr. in-8, veau rouge, plats et dos ornés, filets et dent. dorés, milieux gauffrés, dent. intér., tranches dorées.

Reliure romantique bien conservée.

151. Delorme (René). Gustave Doré, peintre, sculpteur, dessinateur et graveur. 23 belles photographies de Goupil et 57 dessins gravés sur bois hors texte et dans le texte. *Paris, Baschet,* 1879. In-folio, dos et coins chagr. vert, tête dorée, dos orné, non rogné. Texte et planches montés sur onglets.

On a ajouté 30 belles lithographies originales reproduisant différentes scènes dessinées par Gustave Doré (belles pièces).

152. La Démocratie. Journal hebdomadaire, rédacteur-gérant Ch.-L. Chassin. *Paris, du 8 novembre 1868 au 22 mai 1870.* 77 n°s grand in-folio à 4 colonnes, en feuilles. Les 81 premiers numéros, sauf les n°s 37, 38, 39 et 74. On a ajouté 9 numéros spécimens contenant la liste des souscripteurs.

Contient des articles de Louis Blanc, Michelet, Garibaldi. Flourens, Reclus, Quinet, etc.

153. Demoustier. Lettres à Emilie sur la Mythologie, par M. de Moustier. Edition ornée de 24 vignettes. *Paris, Desenne,* 1792. Six parties reliées en un seul vol. in-16, dem. rel. veau bleu, dos orné.

154. Demoustier. Lettres à Emilie sur la Mythologie, ornées de 1 portrait et 36 jolies vignettes sur chine, de Moreau, gravées par Tardieu. *Paris, Furne, s. date.* In-8, dos et coins chagr. rouge, dos orné, tête dorée, non rogné.

155. Derôme. La Reliure de Luxe. Le Livre et l'Amateur. Illustrations inédites, reproduites d'après les types originaux, par Aron frères, et dessins de Fraipont, C. Kurner, M. Perret. Frontispice, reliure peinte par Adeline. *Paris, Rouveyre,* 1888. Gr. in-8, dos peau de crocodile, non rogné, couvert. cons. *Exemplaire sur papier vélin numéroté.*

156. Deshoulières (Madame). Œuvres illustrées. *Paris, Le Fuel, sans date* (vers 1820). In-32, cart., papier crème, dorures, tr. dorées. (Dans un étui, sous forme d'Almanach.)

157. **Devaux-Mousk**. Fleurs du Persil. Illustrations en couleur de Galice. *Paris, Monnier*, 1887. In-8, dos et coins chagr. bleu, tête dorée, non rogné, dos orné et mosaïqué, couvert. satin rose peinte à la gouache, conservée. Texte encadré de sujets et d'ornements divers.

158. **Diderot**. Le neveu de Rameau, satire. Portraits et illustrations, par Milius. *Paris, Rouquette*, 1884. In-8, dos et coins chagr. bleu, tête dorée, non rogné, couv. cons.

> L'un des 350 exemplaires sur vergé, épreuves avant la lettre et avec la lettre.

159. **Dix-huitième Siècle** (Le). Les mœurs, arts, idées, récits et témoignages contemporains. *Paris. Hachette. 1899. In-4,* dos et coins maroq. vert, dos orné, tête dorée, non rogné, couv. conservée. *Nombreuses gravures dans le texte et hors texte.*

160. **DIX-NEUVIÈME SIÈCLE** (Le). Les mœurs, arts, idées. *Paris, Hachette, 1901. In-4,* dos et coins maroq. vert, dos orné, tête dorée. non rogné, couv. cons.

> On a ajouté en regard de l'avertissement :
> *Napoléon à Sainte-Hélène*, lithographie de Sharpe, d'après Paul Delaroche ;
> *Sarah Bernhardt*, belle eau-forte sur japon ;
> *Michelet*, eau-forte sur japon, par Masson ;
> *Henri V* (Duc de Bordeaux), lithographie du comte de Chambord, par Chanard ;
> *Le prince de Joinville*, lithographie remontée ;
> *Jomar*, photogravure d'après Géricault ;
> *La Cydalise*, lithographie en couleurs d'après Camille Rogier ;
> Le prospectus illustré de la publication.

161. **Dixon** (Hepworth). La Conquête Blanche. Voyage aux Etats-Unis d'Amérique, traduit de l'anglais avec l'autorisation de l'auteur, par Hipp. Vattemare, et illustré de 118 gravures sur bois et 2 cartes. *Paris. Hachette, 1877. In-8,* dos chagrin vert orné, plats toile, tranches dorées.

162. **Dorat**. Les Baisers, précédés du Mois de Mai, poëme. Illustrations d'Eisen. *Rouen, Lemonnyer, 1880. Gr. in-8,* dos et coins maroq. orange, dos orné, tête dorée, non rogné. *Exemplaire numéroté.*

163. Doré (Gustave). Versailles et Paris en 1871. D'après les dessins originaux de Gustave Doré. Préface de M. Gabriel Hanoteaux. *Paris, Plon-Nourrit,* 1907. In-4, dem. rel. chagr. vert, dos orné, tr. jaspées, couv. conservée.

Spirituels croquis et charges des hommes de Versailles.

164. Droz (Gustave). Monsieur, Madame et Bébé. Edition illustrée par Edmond Morin et ornée d'un portrait de l'auteur en frontispice, gravé à l'eau-forte par Léopold Flameng. *Paris, Havard.* 1878. Gr. in-8, dos et coins chagrin bleu, tête dorée, non rogné, orn. dorés et mosaïqués sur le dos, couv. cons. *1er tirage.*

165. Drumont (Edouard). La France Juive. Essai d'Histoire contemporaine. Edition illustrée. *Paris, Blériot, sans date* (1888). Gr. in-8, dem. rel., chagr. rouge, dos orné, tr. jasp., couv. cons.

166. Drumont (Ed.). La France Juive. Essai d'histoire contemporaine. *Paris, Marpon et Flammarion, s. d.* 2 vol. in-18, reliés demi-veau fauve, dos orné, tr. jasp.

167. Dubois (Marcel) et **C. Guy** Album géographique. Nombreuses illustrations sur bois. *Paris, Colin,* 1894-1906. Cinq vol. in-4, dem. rel. chagr. vert., dos ornés, non rognés, couv. cons.

168. Du Camp (Maxime). Une Histoire d'Amour. 1 portrait gravé par A. Lamotte et 8 compositions de Blanchard, gravées par Buland. *Paris, Conquet,* 1888. In-18, dos et coins maroq. grenat, tête dorée, non rogné, dos ornés, couvert. cons., prospectus ill. de publication (Champs).

Tirage à 500 ex. sur vergé du Marais (n° 273).

169. Du Chaillu. Voyages et Aventures dans l'Afrique équatoriale. — L'Afrique sauvage. Nouvelles excursions au pays des Ashangos. *Paris, Lévy,* 1863-1868. Deux vol. grand in-8, dem. rel. chagr. vert, dos orné, tranches jaspées. *Nombreuses gravures sur bois et cartes.*

170. Duckett (W. A.). La Turquie pittoresque. Histoire, mœurs, description, préface par Théophile Gautier. Illustrée de vingt gravures sur acier représentant les vues et monuments les plus remarquables de Constantinople et du Bosphore. *Paris, Lecou,* 1855. Gr. in-8 relié toile, fers or et couleur sur le dos et les plats, tr. dorées (rel. de l'éditeur).

171. **Dumas** (Alexandre). Les Trois Mousquetaires. Avec une lettre d'Alexandre Dumas fils. Compositions de Maurice Leloir, gravures sur bois de J. Huyot. *Paris, Lévy,* 1894. Deux vol. gr. in-8, dos et coins maroq. lavallière, têtes dorées, non rognés. dos ornés, couv. conservées.

172. **Dumas** (Alexandre). Le Chevalier de Maison Rouge. Illustrations de Julien Le Blant. *Paris, Testard,* 1894. Deux vol. gr. in-8, dos et coins chagr. lavallière, têtes dorées, non rognés, dos orné, couv. cons.

On a ajouté la préface de Laroumet et 10 compositions de Julien Le Blant, gravées à l'eau-forte par Géry-Richard, et le prospectus illustré de publication.

173. **Dumas** (Alexandre). La Jeunesse de Louis XIV, comédie en cinq actes, en prose. *Paris, C. Lévy,* 1878. In-16 carré, dos et coins maroq. violet, tête dorée, non rogné, couv. conservée, dos orné.

On a ajouté 22 vignettes et portraits en couleur représentant les principaux personnages et les principales scènes ; ces vignettes sont de Maurice Leloir et sont extraites d'un supplément du journal *Le Gaulois* paru en 1898. Le texte et les vignettes sont montées sur onglets.

174. **Dumas** (Alexandre). Le Capitaine Pamphile. Edition illustrée de 103 vignettes. dont 26 hors texte, par Bertall. *Paris, C. Lévy, sans date.* In-8, rel. toile rouge. dos et plats ornés, tr. dorées (reliure de l'éditeur). *1er tirage.*

175. **Dumas** (Alexandre). Histoire de la Vie politique et privée de Louis-Philippe, ornée de 20 portraits et gravures sur acier. *Paris, Dufour et Mulat,* 1852. Deux vol. gr. in-8, demi-rel. veau fauve, dos orné, tr. jasp.

On a ajouté 3 portraits gravés sur acier.

176. **Dumas fils** (Alexandre). Herminie. L'Amazone. Illustrations par Robaudi. *Paris, Calmann Lévy,* 1888 Petit in-8.

dos et coins maroq. bleu, petits fers au dos, tête dorée, non rogné, couv. cons. (V. Krafft).

> Un des 225 exemplaires sur papier vélin du Marais, *tirés pour Conquet*, N° 80, avec les vignettes dans le texte.

177. **Dumas fils** (Alexandre). Un Cas de Rupture. Illustrations, page à page, par Eugène Courboin. *Paris, Quantin,* 1892. In-4, dos et coins chagr. souris, tête dorée, non rogné, dos orné, couv. illustrée cons.

> On a ajouté une belle photographie de l'auteur en regard du titre.

178. **Dumas fils** (Alexandre). La Dame aux Camélias. Préface de Jules Janin et nouvelle préface inédite de l'auteur. Illustrations de A. Lynch dans le texte et 10 eaux-fortes hors texte, portrait en couleur. *Paris, Quantin, s. date* (1892). In-4 chagrin violet, dos orné de petits fers mosaïqués, entrelacs de couleur sur les plats, gardes en maroquin noir avec dentelle et ornements dorés, couvert. en couleur cons., tranches dorées (étui).

> On a ajouté la suite de 12 gravures sur chine volant, gravées sur bois, de Alphonse de Neuville.
> La suite de 1 portrait et 10 gravures d'après Albert Bénard, gravées à l'eau-forte sur japon, avant la lettre, par R. de Los Rios.
> Un portrait de Marie Duplessis, gravé à l'eau-forte d'après le portrait conservé à St-Evrault de Montfort (Orne).
> Une vignette de Lynch, gravée à l'eau-forte : « Les derniers quartiers de la Dame aux Camélias ».
> Une vignette de Laguillermie.
> Quatre jolis portraits gravés au burin.
> **Soit 41 pièces,** avec les 10 eaux-fortes de l'édition.

179. **Duplessis** (G.). Catalogue des dessins, aquarelles et estampes de Gustave Doré, exposés dans les salons du Cercle de la Librairie, mars 1885, avec une notice biographique. Portrait gravé à l'eau-forte par Lalauze, d'après Carolus Durand. *Paris, s. d.* (1885). In-18 demi-rel. basane rouge, tr. jasp., couv. cons.

> On a ajouté deux photographies de Goupil et deux eaux-fortes reproduisant des œuvres de G. Doré.

180. **Duplessis** (Georges). Gavarni. Etude, ornée de 14 dessins inédits. *Paris, Rapilly,* 1876. In-8, cart. bradel, dos maroquin bleu, non rog., couv. cons.

181. Duséjour (Mademoiselle Dionis). L'origine des Grâces, poème. Illustrations de Cochin. *Paris, Lemonnyer*, 1883. In-8 chagrin crème, tranches dorées, dos et plats ornés de petits fers mosaïqués, large dent. dorée sur plats, gardes chagrin souris, large dent. intér., couvert. satin ill. cons. (Etui).

Tirage unique à 250 exemplaires sur papier du Japon (n° 101).

182. Duval (Georges). Souvenirs Thermidoriens. *Paris, Magen*, 1844. Deux vol. in-8 réunis en un seul, dem. rel. veau. fauve, dos orné, tr. jasp.

183. L'Eclipse, Journal hebdomadaire, politique, satirique et illustré. *Paris, 26 Janvier 1868 (origine) au 25 Juin 1876 (fin)*. 9 années, in-folio, brochées.

Exemplaires avec les figures en couleur et possédant les titres, tables des matières et les suppléments, le n° 169 est en 3 Etats (Le Roi Carotte, Le Pot de terre, Le Pot de fer et elle).

184. Egarements de Julie (Les). *Londres*, 1795. Deux volumes in-18, veau racine, tranches rouges *(reliure neuve)*.

185. Enault (Louis). Londres. Illustré de 174 gravures sur bois, par G. Doré. *Paris, Hachette*, 1876. Grand in-4, dos et coins maroq. rouge, dos orné, tête dorée, non rogné. *1er tirage*.

186. Estampe moderne (L'). 31 lithographies sur papier de chine volant. *Paris*, 1895-1896. In-folio, dem. rel. veau fauve, dos orné, avec couv. cons.

Publié en 5 livraisons, à 100 exemp. seulement numérotés (n° 20). Les eaux-fortes sur papier à la forme, dit de Hollande, et les lithographies sur papier de chine volant.

On a ajouté 12 gravures au burin, à l'eau-forte, etc., *soit en tout 43 pièces*.

187. Estampes modernes. Sujets divers, — xviiie siècle, — Fantaisies parisiennes. Réunion de plusieurs centaines d'eaux-fortes, photogravures, etc., reliées en 5 vol. in-4, dos et coins chagr. rouge, dos orné, tête dorée, le tout monté sur onglets. *Très intéressante collection.*

188. Fabre (Ferdinand). L'Abbé Tigrane, candidat à la papauté. Un portrait d'après J. P. Laurens, et 20 eaux-fortes originales de E. Rudeaux. *Paris, Conquet,* 1890. In-8, dos et coins maroq. vert, tête dorée, non rogné, dos orné, couv. cons. (Champs).

> On a ajouté le prospectus illustré de la souscription.
> Ex. sur vélin tiré à 350 ex. (n° 337).

189. Fabre (Ferdinand). Xavière, illustrée par Boutet de Monvel. *Paris, Boussod et Valadon,* 1890. In-4, dos et coins maroq. vert, tête dorée, non rogné, couv. conservée.

> Ex. tiré sur vélin, planches imprimées en noir sur chine.
> On a ajouté une lettre autographe de l'auteur, 2 pages, adressée à M. P. Gille, du *Figaro.*

190. Fabre (Ferdinand). Sylviane. Illustrations de Georges Roux, gravées sur bois par Baud et Hamel. *Paris, Testard,* 1892. Petit in-8, dos et coins de chagr. vert, dos orné, tête dorée, non rog., couv.

> Ex. sur papier vélin du Marais, numéroté.

191. Fain (Le Baron). Manuscrits de l'an III (1794-1795), de 1812, 1813 et 1814, avec cartes, fac-similes et plans. *Paris, Dupont, Delaunay-Bossange,* 1823-1828. Six vol in-8, demi-rel. chagr. vert, dos orné, tr. jasp. *11 cartes, 1 plan et 2 fac-similes.*

192. Favre. Les Quatre heures de la Toilette des Dames, poème érotique. Réimpr. sur l'édition de Paris (Bastien, 1773.) *Paris, Rouveyre,* 1880. In-8, dos et coins chag. rouge, tête dorée, non rogné, dos orné et mosaïqué, couv. cons.

> Tirage numéroté sur papier Seychall-Mill, les pages encadrées.

193. Fabre. Les Quatre heures de la Toilette des Dames, poème érotique en quatre chants, ornés de belles figures en taille-douce par Leclerc. *Paris, Lemonnyer,* 1883. Gr. in-8, dos et coins maroq. orange, fleurons au dos, tête dorée, non rogné, couv. cons.

> Tirage à 500 ex. sur Hollande (n° 304).
> On a ajouté le n° spécimen de la *Vie Elégante,* paru le 15 janvier 1882, contenant des articles de Quatrelle, L. Halévy, Claretie, Robida, Gavarni, avec illustrations dans le texte de Ed. Morin, Robida et gravures au burin et à l'eau-forte, hors texte, de Moreau le jeune, Robida, G. Bac et J. Béraud.

194. Féline. Catéchisme des gens mariés. Frontispice à l'eau-forte. *Bruxelles, Brancart,* 1883. In-32, demi-rel. veau fauve, dos orné, couv. *Ex. sur papier vergé anglais (n° 67.)*

195. La femme et l'amour. Les femmes galantes. Scènes reconstituées par la photographie d'après nature. Nombreuses illustrations dans le texte et planches hors texte en couleurs. *Paris, Bonvallot, s. d.* Les deux ouvrages reliés en 1 seul vol., gr. in-8, demi-chagr. vert, dos orné.

196. Fénelon. Les Aventures de Télémaque, fils d'Ulysse. *Paris, Barbou,* 1785. Deux vol. in-12, veau lisse, dos orné, filets dorés sur plats, dent., tr. rouge.

On a ajouté 2 portraits frontispices, *48 vignettes anciennes* et 1 carte, *soit en tout 51 pièces.*

197. Fénelon. Les Aventures de Télémaque, fils d'Ulysse. Edition stéréotype, d'après le procédé de Firmin-Didot. *Paris, Didot* 1818. Deux vol. in-32, dem. rel. veau fauve, dos orné, tr. peignes.

On a ajouté 1 portrait et 24 jolies vignettes, *épreuves anciennes,* de Le Febvre, gravées par Dambrun, Geoffroy et Simonet, 1 portrait et 24 vignettes de G. Jacowick.
Soit en tout : 50 pièces.

198. Fénelon. Aventures de Télémaque, suivies des Aventu- d'Aristonoüs, avec deux notices de Poujoulat. 14 eaux-fortes de Foulquier. *Tours, Mame,* 1873. Gr. in-8, dos et coins maroq. mauve, dos orné et mosaïqué, tête dorée, non rogné, couv. cons.

On a ajouté :
1 magnifique portrait en pied de Fénelon, d'après Robert Fleury, gravé par Blanchard.
25 gravures d'après Moreau, gravées par Simonet et Ghendt, de l'édition Renouard. *Belles épreuves anciennes.*
24 vignettes de Marillier, tirage moderne en sanguine, 1 portrait gravé sur acier d'après Vivien.
Soit 65 pièces, y compris les 14 eaux-fortes de Foulquier.

199. Feuillet (Octave). Julia de Trécœur. 1 frontispice et 14 vignettes dessinés par Henriot, gravés par Clapés. *Paris, Calman-Lévy,* 1885. Petit in-8, dos et coins maroq. bleu, dos orné, tête dorée, non rogné, couv. cons.

Edition tirée à 225 exemplaires sur vélin, *pour Conquet* (n° 153), avec les vignettes dans le texte.

200. **Feuillet** (Octave). **Le Roman d'un jeune homme pauvre.**
Dessins de Mouchot, gravés par Méaulle, et 1 portrait sur
japon gravé à l'eau-forte par Wallet. *Paris, Quantin, s. date*
(1886). Grand in-8, dem.-rel., dos et coins chagr. bleu, tête
dorée, non rogné, dos orné et mosaïqué, couverture ill. cons.

201. Fielding. Tom Jones, ou histoire d'un enfant trouvé. Traduction nouvelle et complète (par le comte de La Bédoyère),
ornée de 12 gravures en taille-douce de Moreau, gravées par
de Villiers, Mariage et Simonet. *Paris, Firmin-Didot,* 1833.
Quatre vol. in-8, dem. rel. veau rose, dos orné, tranches
jaspées (reliure de l'époque).

202. Figaro Illustré (2me série), années 1890 à 1897, avec toutes
les primes. *Paris, Boussod et Valadon.* 8 vol. in-folio, en
numéros, avec toutes les couvertures en couleur.

203. Figaro-Salon, 1885 à 1900, par Wolff-Yriartre, Gille,
Alexandre, planches en noir et en couleur. *Paris, Boussod
et Valadon.* 16 vol. in-folio, cart. percaline, tête dorée, plats
ornés, non rogné.

204. Flaubert (Gustave). A bord de *La Cange.* Neuf compositions de A. Robaudi, gravées à l'eau-forte par G. Chessa.
Paris, Ferroud, 1904. In-12, chagr. bleu, branches de roses
mosaïquées et dorées sur le dos et le premier plat, large
dent. intér., tr. dorées, couv. cons.

> L'un des 40 exemplaires sur japon contenant trois états, dont l'eau-
> forte pure. (N° 40).
> On a ajouté le prospectus illustré de publication et un joli por-
> trait de G. Flaubert, par Mme Caroline Commanville, gravé à l'eau-
> forte par Champollion, 1er état sur japon, avant toute lettre.

205. Florian. Fables. Préface par Anatole de Montaiglon,
compositions inédites de Moreau, gravées par Martial (**en
double état**). *Paris, P. Rouquette,* 1882. In-18, dos et coins
maroq. rouge, tête dorée, non rogné, dos orné.

> Tirage des eaux-fortes hors et dans le texte.
> On a ajouté une eau-forte d'Emile Adam, gravée par Le Rat (éd^{on}
> Jouaust).

206. Florian. Kédar et Améla. Illustré de 10 compositions en
couleur de L. Fauret, préface de A. de Claye. *Paris, Ferroud,*

1901. In-12, chagr. bleu, filets à froid sur les plats, tr.dorées, dent. intér., couvert. cons.

> L'un des 220 exemplaires sur papier vélin d'Arches, ill. en couleur.
> On a ajouté le prospectus illustré de la publication.

207. **Florian.** Estelle, ornée de 7 gravures. *Paris, Marcilly, s. date* (1825), in-128, dos veau fauve, dos orné, tr. peignes (0.07 × 0.05). *Edition microscopique.*

208. **Fontenelle.** Œuvres choisies, publiées avec une préface par Thénard, un portrait à l'eau-forte de Lalauze. *Paris, Jouaust,* 1883. Deux vol. in-16, demi-rel. veau fauve, dos ornés, tr. jasp., couv., cons.

> On a ajouté au 2e vol. un portrait de Fontenelle, par Saint-Aubin (épreuve ancienne).

209. **Forain.** Doux pays ! 189 dessins. *Paris, Plon, s. d.* Petit in-8, demi-veau, fauve, dos orné, tr. jasp.

210. **Forain.** La Vie. — Album Forain. — Nous, Vous, Eux. *Paris, Plon, Juven, sans date,* trois albums, dont 1 en couleur, in-4, br., non rogné, couv. ill.

211. **Fournel** (Victor). Les Artistes français contemporains (peintres et sculpteurs). Illustré de 10 eaux-fortes et de 176 gravures sur bois dans le texte. *Tours, Mame,* 1884. Gr. in-8, dos et coins chagrin rouge, dos orné, tête dorée, non rogné.

212. **France** (Anatole). Madame de Luzy. 10 compositions dessinées et gravées par Ad. Lalauze. *Paris, A. Ferroud,* 1902. Petit in-8, chagr. orange, tr. dorées, dent. intér., couv. cons.

> L'un des 40 ex. sur papier du Japon.
> On a ajouté le prospectus illustré de publication.

213. **France** (Hector). Sous le Burnous. Illustré de 22 compositions par Paul Avril. *Paris, Carrington,* 1898. In-8, dos et coins maroq. vert, tête dorée, non rogné, dos orné et mosaïqué, couv. cons. *Ex-libris de M. Massicot.*

> L'un des 300 exemplaires tirés sur papier vergé d'Arches, numéroté.
> On a ajouté le prospectus illustré de la publication.

214. **France-Album**. Revue mensuelle illustrée. France, Algérie et Tunisie. *Paris*, 1895 à 1904. 112 n^os in-8, oblongs, brochés, non rognés, couv. *Collection complète*. Très nombreuses gravures.

215. **Gabillot** (C.). Hubert Robert et son temps. 69 illustrations. *Paris, Librairie de l'Art, sans date* (1890). Gr. in-8, dem. rel., chagr. vert, dos orné, non rogné, couv. conservée.

216. **GALERIE CONTEMPORAINE**, littéraire, artistique. *Paris, Baschet*, 1876-1884. 8 années en 13 vol. in-4, dem. rel. chagrin rouge, avec coins, tête dorée, non rogné.

> Bel exemplaire avec toutes les planches montées sur onglets.
> Très nombreux portraits et gravures.

217. **Galeries d'Europe** (Les). Tableaux célèbres. Reproductions en couleur des chefs-d'œuvre des maîtres de toutes les époques. *Paris, Laurens*, 1907. Gr. in-4, en feuilles.

218. **Galerie des Contemporains illustres**, par un homme de rien. *Paris, Bureau Central, René*, 1840-4... En 10 vol. in-18, dos maroq., tr. jasp.

> Collection complète. Chaque notice est accompagnée d'un portrait lithographié. Ouvrage de M. de Loménie.

219. **Galerie des Plénipotentiaires** au Congrès de Paris. Lithographies de M. Mayer, accompagnées de notices historiques et biographiques, et suivies du Traité de paix: *Paris, Bourdin*, 1856. Grand in-folio, chagr. vert, dentelle et armes de France dorées sur les plats, filets à froid, tranches dorées (Despierres). *Beaux portraits, armoiries coloriées.*

220. **Galerie de la Presse**, de la littérature et des beaux-arts. Directeur des dessins : Ch. Philipon ; rédacteur en chef: L. Huart. *Paris, Aubert*, 1841. In-4, demi-maroq. long grain, dos orné en long, tr. jasp.

> 3e série complète des titres, tables et catalogues d'Aubert, contenant 43 portraits lithographiés.

221. **Gambetta**. Pièces intéressantes : journaux, gravures, charges sur Gambetta, 36 portraits, etc. In-folio, dos chagr. rouge, dos orné, non rogné.

> Réunion intéressante faite par un amateur éclairé.

222. Garnier et **Amann**. L'Habitation Humaine, illustrée de
335 vignettes et 24 cartes. *Paris, Hachette*, 1892. In-4, demi-
rel. chagr. vert, dos orné, couv. conservée.

223. Gautier (Léon). La chanson de Roland. Eaux-fortes de
Chiffard et Foulquier. *Tours, Mame*, 1872. Deux vol. gr. in-8,
dos et coins maroq. rouge, dos orné, tr. dorées,

> La 1re partie est sur papier glacé.
> La 2e partie est l'un des 300 ex. tirés sur vergé de Hollande.
> Gravures sur chine, avant la lettre.

224. Gauthiez (Pierre). Les Villes d'Art célèbres. Milan. Ouvrage orné de 109 gravures. *Paris, Laurens*, 1905. In-4, demi-
rel. chagr. vert, dos orné, tr. jaspées, couv. cons.

> On a ajouté 11 estampes gravées sur cuivre et finement aquarellées
> au pinceau, avec rehauts de gouache, *(très jolies estampes, vers 1825)*.

225. Gautier (Théophile). Le Capitaine Fracasse. Illustrations
de G. Doré. *Paris, Librairie illustrée, sans date*. In-4, demi-
rel. chagr. rouge, dos orné, plats toile, tr. jasp.

226. Gautier (Théophile). Militona. Orné d'un portrait et de
10 compositions de Adrien Moreau, gravées par A. Lamotte.
Paris, Conquet, 1887. In-8, dos et coins maroq. vert, dos orné
et mosaïqué, tête dorée, non rogné, couv. cons.

> L'un des 350 exemplaires tirés sur papier vélin du Marais. On a
> ajouté le prospectus illustré de la publication.

227. Gautier (Théophile). Le Roi Candaule. Illustré de 21 compositions par Paul Avril, préface par Anatole France. *Paris.
Ferroud*, 1893. In-8, dos et coins maroq. bleu, dos orné de
petits fers et mosaïqué, tête dorée, non rogné, couv. cons.

> Tirage à 500 exemplaires, dont 250 sur vélin d'Arches (n° 422).

228. Gautier (Théophile), Jean et Jeannette. Illustré de 24 compositions par Ad. Lalauze, préface par Léo Claretie. *Paris,
Ferroud*, 1894. In-8, dos et coins maroq. bleu, orn. en long
dorés et mosaïqués sur le dos, tête dorée, non rogné, couvert.
cons.

> L'un des 250 exemplaires tirés sur papier vélin d'Arches (n° 434).
> On a ajouté un portrait de Théophile Gautier, gravé, et le prospec-
> tus illustré de publication.

229. **Gautier** (Théophile). Une Nuit de Cléopâtre. Illustrée de 21 compositions, par Paul Avril, préface par Anatole France. *Paris, Ferroud*, 1894. In-8, dos et coins maroq. citron, orn. dorés et mosaïqués en long sur le dos, tête dorée, non rogné, couvert. cons.

L'un des 250 exemplaires tirés sur vélin d'Arches (n° 412).

230. **Gautier** (Théophile). Omphale, histoire Rococo. Illustrations de Ad. Lalauze, préface de A. de Claye. *Paris. Ferroud*, 1896. In-12, chagr. bleu, couvert. cons., dent. intér., tr. dorées.

L'un des 200 exemplaires tirés sur vélin d'Arches.
On a ajouté le prospectus illustré de la publication.

231. **Gautier** (Théophile). La mille et deuxième nuit. Illustrée de 9 compositions par Ad. Lalauze, préface par L. Gastine. *Paris, Ferroud*, 1898. In-8, dos et coins maroq. orange, orn. dorés et mosaïqués en long sur le dos, tête dorée, non rogné, couv. cons.

Tiré à 350 ex. sur vélin (n° 218).

232. **Gautier** (Théophile). Le Pavillon sur l'Eau. Compositions en couleurs de Henri Caruchet, préface de Camille Mauclair. *Paris, Ferroud*, 1900. In-8, dos et coins maroq. citron. ornements dorés et mosaïqués sur le dos, tête dorée. non rogné, couv. cons. (Ruban).

Tiré à 350 ex. sur vélin d'Arches (n° 331).

233. **GAUTIER** (Théophile). Mademoiselle de Maupin, double amour, réimpression de l'édition originale, notice bibliographique par Charles Lavenjoul. Edition ornée de 3 portraits. *Paris, Conquet*, 1883. Deux vol. in-8, maroq. orange, filets dorés sur les plats, avec branches de fleurs et oiseaux mosaïqués, dos ornés et fleurs mosaïquées, gardes chagr. vert avec large dentelle et ornements dorés, tête dorée, non rogné, couv. cons. (Etuis).

Tiré à 350 exemp. sur papier vélin (n° 343).
On a ajouté : 1 portrait et 8 jolies aquarelles originales, non signées.
1 portrait d'après Lessore, dessiné à la plume par Coïndre et 8 aquarelles originales du même.
1 suite de 10 eaux-fortes de Poirson, sur Hollande.
1 suite des mêmes 10 eaux-fortes, retouchées très finement à l'aquarelle.

1 Eau forte de Rops, épreuve d'artiste aveo remarque, page 24 du tome II.

1 suite de 2 frontispices et 17 dessins de Toudouze, gravés à l'eau-forte par Champollion.

2 compositions refusées pour les chapitres 1er et 12, d'après Jeanniot et Toudouze, gravées par Boulard et Champollion.

2 portraits de d'Albert et Mlle de Maupin, d'après Jeanniot, gravés par Burney, refusés également.

1 portrait gravé à l'eau-forte, en sanguine, *avant toute lettre, sur chine volant*, charge représentant T. Gautier avec de très longs cheveux et un chapeau à larges bords.

Au total : 66 pièoes.

234. Gautier (Théophile). Mademoiselle de Maupin. Avec un portrait gravé par Abot, d'après le médaillon de David d'Angers, et un portrait de Mlle de Maupin, par T. Gautier, reproduit en fac-simile. *Paris, Charpentier,* 1880. In-8 écu, demirel. veau fauve, dos orné, tranches peignes, couvert. cons.

On a ajouté 1 portrait par Théron, en sanguine, de T. Gautier. — 1 portrait de d'Albert et de Mlle de Maupin, dessins de Jeanniot, gravés par Burney. — Une composition pour le chapitre 1er, dessin de Jeanniot, gravé par Boulard fils. — Une composition pour le chapitre 12, dessin de Toudouze, gravé par Champollion. Ces quatre dernières pièces éditées par Conquet et refusées pour son édition de Mlle de Maupin.

235. Gautier (Théophile). Emaux et Camées. 112 dessins de G. Fraipont. *Paris, Conquet,* 1887. In-16, chagr. vert, large dentelle sur les plats et à l'intérieur, gardes chagr. vert, dos mosaïqué, tr. dorées, couvert. cons. (Etui).

Tirage à 500 ex. sur papier vélin du Marais (n° 313).

On a ajouté le Musée secret, prime de souscription, le prospectus illustré de publication et un portrait à l'eau-forte par Mongin.

236. Gautier (Théophile). Fortunio. Réimpression textuelle de l'édition originale. 24 lithographies en couleur de A. Lunois. *Paris, Libr. des Bibliophiles,* 1898. Petit in-4, dos et coins chagr. bleu, orn. en long, dorés et mosaïqués sur le dos, tête dorée, non rogné, couv. cons.

Tirage à 500 exempl. sur papier vélin du Marais (n° 335).

237. Gautier (Théophile). — Emaux et Camées. — Fortunio. — Les Jeunes Frances. — Mademoiselle Daphné. — Mademoiselle de Maupin. — Le Roman de la Momie. *Paris, Charpen-*

tier, 1878-1884. Sept vol. in-32, dos et coins cuir de **Russie**, tête dorée, non rogné.

De la Petite Bibliothèque Charpentier. Les 7 vol. sont ornés chacun de 2 vignettes à l'eau-forte.

238. GAVARD. Galeries historiques de Versailles, dédiées à Sa Majesté la Reine des Français. *Paris, Gavard*, 1838. — 14 vol. in-folio, y compris les 6 volumes de suppléments, en feuilles, dans 14 cartons en toile rouge de l'éditeur. *Environ 1,5oo gravures, blasons, etc. —* 1ᵉʳ **tirage.**

239. Gavarni. Les Douze Mois, dernière œuvre de Gavarni. *Paris, Mare, sans date* (1869). In-folio, cart. toile bleue, titre doré sur les plats, tr. dorées.

Premier tirage, édition originale. Notice par Théo. Gautier.

240. Gavarni. Masques et Visages. Notice par Sainte-Beuve. *Paris, Calmann-Lévy, s. d.* In-folio, toile, fers spéciaux (rel. de l'éditeur). *77 grandes lithographies.*

241. Gavarni. Œuvres diverses. *Paris, Aubert, Pannier.* 36 lithographies in-4, à grandes marges, en feuilles. *Pièces originales.*

241 *bis*. Gavarni. Œuvres choisies, revues, corrigées et nouvellement classées par l'auteur. Etudes de mœurs contemporaines : **La vie de jeune homme, Les débardeurs,** *1 vol.* — **Album pittoresque,** composé de 38 jolies caricatures. *Paris, Hetzel* 1848. Les 2 ouvrages réunis en 1 vol. gr. in-8, demi-rel., chag. vert, dos orné, non rogné, couv. cons.

1ʳ tirage. Titres, notices, etc., le tout monté sur onglets.

241 *ter*. Gavarni. Recueil sur Gavarni : 1° Les artistes célèbres. Gavarni, par E. Forgues. *Paris, Rouam*, 1887. 1 vol. — Album pittoresque, composé de 38 jolies caricatures. *Paris*, 1848. 1 vol.— Les maîtres humoristes. Gavarni. *Paris, Juven,* *s. d.* 1 vol. — Les 3 ouvrages réunis en 1 vol. gr. in-8, demi-chag. vert, dos orné, non rogné, couv. cons.

1ʳ tirage. *L'Album pittoresque* est recherché.
On a ajouté, au premier ouvrage : 1 tirage en bleu, sur japon, de *l'amateur de livres* (Brunox) ; 1 superbe eau-forte de J. de Goncourt, *La femme en chapeau*, d'après Gavarni.

242. **Geffroy** (Gustave). Les Musées d'Europe : la Belgique,
la Hollande, Londres (National Gallery), le Louvre, Madrid,
Versailles. Illustrés de 813 gravures dans le texte et 342 photogravures hors texte. *Paris, Per Lamm*, 1903-1907. En 6
vol. petit in-4, dem.-rel. chagrin Lavallière, dos orné, non
rogné.

243. **Genlis** (Comtesse de). Mémoires inédits sur le xviiie Siècle et la Révolution, depuis 1750 jusqu'à nos jours. *Paris,
Ladvocat*, 1825 : 8 vol. — Dictionnaire critique des étiquettes
de la Cour. Paris, 1818. 2 vol. Ensemble 10 vol. in-8, dem.-
rel. veau, tr. jasp.

244. **Genlis** (Mme de). Mademoiselle de Clermont. Avec une
notice par M. de Lescure. *Paris, Libr. des Bibliophiles*, 1880.
In-8, dem.- rel. veau fauve, dos orné, non rog., couv. cons.

On a ajouté 2 jolis portraits de Mme de Genlis à 18 ans et à 80 ans,
gravés sur acier par Ballin et Coupé, d'après Fath et Devéria.

245. **Gérard** (Abbé). Le Comte de Valmont ou les égarements
de la raison. Lettres recueillies et publiées par M... Illustré
de 14 vignettes de Monnet, gravées par Legrand. *Paris,
Moutard*, 1787. Cinq vol. in-12, veau, dos orné.

246. **Gérard** (Jules). La Chasse au Lion. Ornée de gravures
dessinées par G. Doré, et d'un portrait de Jules Gérard (sur
Chine). *Paris, Libr. Nouvelle*, 1855. Grand in-8, demi-rel.
chagr. rouge, tête dorée, ébarbé. *Premier tirage.*

Légères rousseurs.

247. **Gervaisais de la Touche.** Le Portier des Chartreux, ou
Mémoires de Saturnin, écrits par lui-même. *Amsterdam*,
1875. Deux vol. in-18, dos et coins chagr. rouge, tête dorée,
non rogné.

On a ajouté 16 vignettes libres, sur chine volant, de Eluin, *jolies
épreuves.*

248. **Gill** (André). Le Bulletin de Vote. Nos députés. 54 portraits en couleur. *Paris, Vannier*, 1885. In-8, broché, non
rogné, couv.

249. **GILL** (André). Vingt portraits contemporains. Notice par
Jean Richepin. *Paris, Magnier*, 1886. In-folio en feuilles,
dans le carton dos et coins chagr. rouge, plats satin noir, non
rogné.

> Tirage à 50 exemplaires sur japon (n° 10), comprenant une suite en
> couleur, avant la lettre, et une suite en bistre avec lettre, également
> en couleur.

250. **Le même ouvrage**, même état, même emboîtage. Exemplaire sur hollande, planches avec la lettre.

251. **Girodet**. Les Amours des Dieux. Recueil de compositions par Girodet et lithographiées par Aubry, Lecomte,
Chatillon, etc., avec un texte explicatif par P. A. Coupin.
Paris, Engelmann, 1826. In folio, dos et coins basane, non
rogné.

> Complet des 16 belles planches tirées sur papier de chine, avant la
> lettre. Titre gravé.

252. **Goëthe**. Les Souffrances du jeune Werther, traduites par
le comte Henri de la B... (La Bédoyère). 4 vignettes par T.
Johannot, gravées à l'eau-forte par Burdet. *Paris, Crapelet*,
1845. In-8, dos et coins chagr. bleu, orn. dorés en long sur
le dos, tête dorée, non rogné, couvert. conserv.

> *Edition sur Hollande, recherchée.*
> On a ajouté 1 portrait et 6 eaux-fortes de Lalauze, de l'édition
> Jouaust, plus 1 eau-forte de la même suite, et 1 beau portrait du
> comte de La Bédoyère, d'après Court, lithographié par Julien.

253. **Goethe**. Le Faust de Goethe, suivi du second Faust, traduction de Gérard de Nerval. Edition illustrée par T.
Johannot (10 vignettes). *Paris, Lévy*, 1868. Grand in 8, dem.
rel. veau fauve, dos orné, tr. peigne, couvert. cons.

> On a ajouté 1 portrait de Goëthe, gravé sur acier par Hopwod, —
> 2 eaux-fortes de Champollion, d'après Laurens, de l'édition Jouaust,
> — 1 lithographie en sanguine : « Faust et Marguerite au jardin », —
> 1 gravure sur bois, d'après A. Scheffer, — et 18 photographies de
> Goupil, d'après A. Scheffer et autres peintres.
> **Soit 33 pièces.**

254. **Goëthe**. Faust, traduction de Porchat. Compositions par
Liézen Mayer. *Paris, Hachette*, 1878. In-folio, cart. toile,

ornements sur les plats, tête dorée, non rogné (rel. de l'éditeur), 1er plat de la couvert. conservée.

Gravures avant la lettre, légende sur la gardé.

255. **Gœthe**. Faust. Traduction de H. Blaze de Bury. 11 eaux-
fortes de Lalauze et gravures de Méaulle, d'après Wogel
et Scott. *Paris, Quantin*, 1880. In-4, dos et coins chagr.
rouge, dos orné, tête dorée, non rogné.

256. **Goëthe**. Faust, tragédie, traduction d'Albert Stapfer.
Dessins de J. P. Laurens, gravés par Champollion. *Paris,
Jouaust*, 1885. Grand in-8, dos et coins maroq., fers mosaïqués
en long sur le dos, tête dorée, non rogné, couvert. cons.

On a ajouté 11 eaux-fortes, avec lettre, de Lalauze, de l'édition
Quantin, 1880, et une belle photographie de Goupil, « Le Roi de
Thulé », d'après A. Scheffer.

257. **Goldsmith** (Olivier). Le Vicaire de Wakefield, traduction
nouvelle et complète, par Gausseron. Illustrations en couleur
de Poirson. *Paris, Quantin, s. date* (1890). Gr. in-8, cartonn.
toile, bandes peau de crocodile, dos plats ornés, tête dorée,
non rogné (rel. de l'éditeur).

258. **Goncourt** (Edmond et Jules de). Gavarni. L'homme et
l'œuvre. Ouvrage enrichi du portrait de Gavarni, gravé à
l'eau-forte par Flameng, d'après un dessin de l'artiste, et
d'un fac-simile d'autographe. *Paris, Plon*, 1873. In-8, cartonn.
percal. blanche, tête dorée, non rogné. *Édition originale.*

259. **Goncourt** (Edmond et Jules de). Rénée Mauperin. Édition
ornée de 10 compositions à l'eau-forte par James Tissot.
Paris, Charpentier, 1884. In-8, dos et coins chagr. rouge,
tête dorée, non rogné.

Exemplaire numéroté (n° 156), sur Hollande.

260. **Gonse** (Louis). Eugène Fromentin, peintre et écrivain.
Ouvrage augmenté d'un voyage en Egypte, illustré d'eaux-
fortes et d'héliogravures. *Paris, Quantin*, 1881. In-4, dem.
rel. maroq. bleu, dos et coins, tête dorée, non rogné, couv.
cons. (Bretault).

261. **Gourdault** (Jules). La Femme dans tous les pays. Ouvrage illustré de 191 gravures sur bois. *Paris, Jouvet*, 1882. In-8, dem. rel. chagr. rouge, dos orné, tr. jasp., couv. illustrée cons.

262. **Gourdault** (Jules). De Paris à Paris, à travers les Deux Mondes, capitales, grandes villes. 32 compositions hors texte et 21 gravures dans le texte, par Clerget. *Paris, Jouvet*, 1889. Gr. in-8, dem. rel. veau fauve, dos orné, tranches peigne, couv. cons.

263. **Gourdault** (Jules). L'Italie. Illustrée de 450 gravures sur bois. *Paris, Hachette*, 1877. Grand in-4, dem. rel. chagrin noir, non rogné. *Premier tirage des gravures.*

264. **Gramont** (le comte de). Les Bons Petits Enfants. Vignettes par Ludwig Richter. *Paris, Hetzel, s. d. (1880)*. In-8, dos chagrin bleu orné, plats toile, tr. dorées.

265. **Grand-Carteret** (John). xixᵉ siècle en France. Classes, mœurs, usages, costumes, inventions. Ill. en noir et couleur. *Paris, Didot*, 1893. In-4, dos et coins chagr. Lavallière, dos orné, non rogné, couv. cons. 1ᵉʳ *tirage.*

266. **Grand-Carteret** (John). Les mœurs et la caricature en France. 8 planches en couleur, 36 planches hors texte, 500 illustrations dans le texte, reproduction d'œuvres anciennes et originales des artistes. *Paris, Libr. illustrée*, 1888. In-4, dos et coins chagr. rouge, tête dorée, non rogné, couvert. ill. cons.

267. **Grand-Carteret** (John). Les mœurs et la caricature en Allemagne, en Autriche, en Suisse, avec préface de Champfleury. *Paris, Westhausser*, 1885. In-4, dos chagrin vert, dos orné, tête dorée, non rogné. *Très nombreuses planches en couleurs. Envoi autographe de l'auteur à Jules Simon.*

268. **Grand-Carteret** (John). Le Décolleté et le Retroussé, quatre siècles de gauloiseries (1500 à 1870). 402 illustrations dont 31 coloriées. *Paris, Bernard, s. d. (1902)*. In-4, dem. rel. chagr. rouge, dos orné, non rogné, toutes les couvertures illustrées des livraisons conservées.

On a ajouté une figure gravée au burin d'après Henri Goltzius.

269. **Grand-Carteret** (J.). Les images galantes. Scènes gri-
voises et galantes. Portraits de femmes. Modes et mœurs.
Nus. Scènes bibliques. Types de beauté. Caricatures. Recueillies et publiées avec textes, poésies et chansons anciennes.
Paris, Offenstadt, 1907-8. Les 4 tomes reliés en 1 vol in-4,
demi-chagr. vert, dos orné.

> Les 4 vol. contiennent ensemble environ 600 gravures et 100 pages
> de musique.

270. **Grand-Carteret** (John). La femme en Allemagne, avec
144 illustrations, dont 2 eaux-fortes et 3 planches en couleur.
Paris, Westhausser, 1887. In-8, dem. rel. veau fauve, tr.
peigne, dos orné, couvert. ill. cons.

271. **Grand-Carteret** (John). Bismarck en caricature, avec
140 reproductions de caricatures, dont 2 en couleur. *Paris,
Perrin*, 1890. In-16, demi-rel. veau fauve, tranches peigne,
couv. ill. cons.

272. **Grand-Carteret** (John). L'actualité en images. Les caricatures sur l'Alliance Franco-Russe. 88 reproductions de
caricatures françaises, russes, allemandes, austro-hongroises,
italiennes, suisses, espagnoles, anglaises, américaines. Frontispice par Trewery. *Paris, May et Motteroz, s. date* (1900).
In-8, demi-rel. veau fauve, dos orné, couv. cons.

273. **Grand-Carteret** (John). Crispi, Bismarck et la Triple
Alliance en caricature. Avec 140 reproductions de caricatures,
italiennes, françaises et autres, dont 2 en couleur, dessins originaux de J. Blass, Moloch, Sta, Pilotell. *Paris, Delagrave*,
1891. In-16, demi-rel. veau fauve, dos orné, tr. peigne, couv.
cons.

274. **Grand-Carteret** (J.). L'année en images. 1893, 1re année.
Reprod. de 162 caricatures françaises et étrangères. *Paris,
Quantin, s. d.* In-8, demi-veau fauve, dos orné, tr. jasp., couv.
cons.

275. **Gruyère** (F. A.). Voyage autour du Salon Carré au Musée
du Louvre. Ouvrage illustré de 40 héliogravures, exécutées
d'après les tableaux originaux, par Braun. *Paris, Didot*, 1891.
In-4, dos et coins chagr. brun, tête dorée, non rogné, couv.
cons.

276. Guerre et la Commune (La). 1870-1871. Sept mois d'Histoire. Paris sous la Commune, par la photographie, la gravure, l'estampe, la sculpture, les autographes, la caricature et la peinture. *Paris, s. d.* Deux albums oblongs, in-4, reliés en un seul vol., demi-rel. chagr. vert, dos orné, tr. jaspées.

277. Gueullette. Acteurs et Actrices du Temps passé. La Comédie-Française, notices, portraits gravés à l'eau-forte par Lalauze. *Paris, Jouaust,* 1881. In-8, demi-rel. chagr. rouge, tête dorée, dos orné, non rogné.

278. Gueulette (Charles). Répertoire de la Comédie-Française, 1884-1891, avec portraits gravés à l'eau-forte par Abot. *Paris, Jouaust,* 1885-1892. En 8 vol. in-18, demi-rel. chagr. rouge, dos orné, couv. cons.

279. Guilbert (Aristide). Histoire des Villes de France. Avec une introduction générale pour chaque province. *Paris, Bureau des publications illustrées, sans date* (1844). 6 vol. de texte et 1 album gr. in-8 de planches en couleur et en noir demi-rel chagr. rouge, dos ornés, n. rognés.

> 12 planches or et couleur, contenant 113 blasons des principales villes et 86 gravures sur acier.

280. Guillaume (Albert). Albums divers, en couleur. *Paris, Simonis Empis. s. d.* 13 vol. in-4 brochés, non rog. couv. ill.

> Mes 28 jours. — Des Bons Hommes, 1re et 2e séries. — Petites Femmes. — Mémoires d'une glace. — Faut voir. — Mes Campagnes. — Y'a des Dames. — Etoiles de mer. — Madame est servie. — R'vue d'Fin d'Année. — Pour vos beaux Yeux. — Mon Sursis.

281. Guinot (Eugène). L'Eté à Bade, illustré par T. Johannot, E. Lami, Français et Daubigny. *Paris, Bourdin et Hachette,* 1861. In-8, dos chagr. rouge, plats toile, tr. dorées, couvert. ill. cons.

282. Guizot. Histoire de France, depuis les temps les plus reculés jusqu'en 1789, et continuée par Mme de Witt, née Guizot, jusqu'en 1848. Illustrée de 615 gravures sur bois par Alphonse de Neuville. *Paris, Hachette,* 1875-1880. Sept vol. grand in-8 reliure de l'éditeur, dos chagr. rouge, plats toile avec ornements, tranches dorées. *1er tirage.*

233. — Théo. Gautier. Mlle de Maupin

Aquarelle originale (suite de Coïndre)

283. **Guizot**. Histoire d'Angleterre racontée à mes petits-enfants. Illustrée de 199 gravures sur bois. *Paris, Hachette*, 1878. Deux vol. gr. in-8, reliure de l'éditeur, dos chagr. rouge, plats toile avec ornements, tranches dorées. *1ᵉʳ tirage*.

284. **Halévy** (Ludovic). Récits de guerre. L'invasion 1870-1871. Dessins par L. Marchetti et Alfred Paris, en noir et en couleur. *Paris, Boussod et Valadon, s. d.* In-4, dos et coins chagrin brun, tête dorée, non rogné, couv. ill. en couleur.

285. **Halévy** (Ludovic). La Famille Cardinal. P*aris, C. Lévy*, 1883. Petit in-8, demi-rel. maroq. rouge, tête dorée, non rogné, couvert. cons.

> On a ajouté 1 frontispice et 8 vignettes dessinées par E. Mas, gravées par Massard, pour l'éditeur Conquet, et un magnifique portrait de L. Halévy, dessiné et gravé par Abot, avant la lettre et 1 fac-similé d'eau-forte de Louis Muller, d'après une composition de Charles Léandre.

286. **HALÉVY** (Ludovic). La Famille Cardinal. *Paris, C. Lévy*, 1883. Petit in-8, demi-rel. bradel, maroq. bleu, dos orné, tête dorée, non rogné, couvert. cons. (Champs).

> On a ajouté une **aquarelle originale**, en pleine page, sur **japon**, par **Heller**.
> 1 portrait de L. Halévy, dessiné et gravé par Abot.
> 1 frontispice **en double état**, avant la lettre sur japon et sur vergé de Hollande avec la lettre, gravé par Abot, d'après les dessins de Mas.
> *Ces 3 dernières pièces ont été gravées pour la Société des Amis des Livres :*
> « Les Petites Cardinal » offrant à L. Halévy le chapeau d'Académicien.

287. **Halévy** (Ludovic). La Famille Cardinal. Illustrations de Léandre dans le texte. *Paris, Testard*, 1893. Gr. in-8, dos et coins maroq. orange, dos orné et mosaïqué, tête dorée, non rogné, couvert. cons.

> On a ajouté : Le prospectus illustré de publication.
> La suite des 10 eaux-fortes de Léandre, gravées par Louis Muller pour l'édition.
> La suite du frontispice et des 8 vignettes de Mas, gravés par Massard, pour Conquet.
> 1 frontispice en double état, *avant la lettre sur japon et sur vergé de Hollande* avec lettre, gravés par Abot, d'après les dessins de Mas, *pour la Société des Amis des Livres.*
> Un joli portrait de L. Halévy, gravé à l'eau-forte par Burney, pour l'éditeur Conquet,

288. **Halévy** (Ludovic). L'Abbé Constantin, illustré par Mme Madeleine Lemaire. *Paris, Boussod et Valadon,* 1887. In-4, dos et coins chagr. bleu, dos orné et mosaïqué, tête dorée, non rogné, couv. cons.

> Ex. sur vélin avec les en-têtes et culs-de-lampe en camaïeu et les planches hors-texte en noir.
> On a ajouté: le prospectus de publication :
> 1 joli portrait de L. Halévy, avec remarque (L'Abbé Constantin) sur japon, avant la lettre, gravé à l'eau-forte par Abot, pour la Société des Amis des Livres.
> 7 photographies de Chalot, donnant les principales scènes de la pièce jouée au Gymnase en 1887.
> 1 photographie de Braun, d'après Robaudi : « Les Adieux de Suzette à Jean ».

289. **HALÉVY** (Ludovic). L'Abbé Constantin. Illustré en noir et en couleur par Madeleine Lemaire. *Paris, Lévy, Boussod et Valadon,* 1888. Grand In-8, dos et coins maroq. bleu, dos orné, tête dorée, non rogné, couvert. cons. (Champs).

> Exempl. tiré sur chine, pour l'éditeur Conquet, à 50 exempl. (n° 12) avec épreuves doubles des hors-texte : en noir et coloriées.
> *On a ajouté* : 1 joli portrait de Halévy, sur japon, avant lettre, gravé à l'eau-forte par Abot, *pour la Société des Amis des Livres,* épreuve d'artiste avec remarque.

290 **Halévy** (Ludovic). Trois coups de Foudre. 10 dessins de Kauffmann, gravés par E. de Mare. *Paris, Conquet,* 1886. In-18, chagr. vert, orn. dorés et mosaïqués sur le dos et sur les plats, garde en chagr., large dentelle et filets intér., couv. cons. (Etui).

> Ex. sur papier vergé du Marais (n° 193).

291. **Halévy** (Ludovic). Karikari, aquarelles d'après Henriot. *Paris, L. Conquet,* 1887. In-18, maroq. bleu, dent. intér., tr. dorées, couvert. ill. cons.

> Tirage unique à 300 exemp. sur papier du Japon. Non mis dans le commerce. Exemplaire offert par l'éditeur à M. Chaze.
> On a ajouté un joli portrait, gravé à l'eau-forte par Burney, sur chine.

292. **Halévy** (Ludovic). Mariette. 40 compositions de Henry Somm. *Paris, Conquet,* 1893. In-8, dos et coins maroq. rouge, dos orné et mosaïqué, tête dorée, non rogné, couv. cons.

> Tirage à 400 exemplaires (n° 265).

On a ajouté: 1 portrait de L. Halévy, gravé par Liphart, *avant la lettre, sur japon.*

293. Hallays (André). Les Villes d'Art célèbres, Avignon et le Comtat-Venaissin. Ouvrage orné de 127 gravures. *Paris, Laurens,* 1909. In-4, demi-chagrin, dos orné, non rogné, couv. cons.

On ajouté 5 vues lithographiées en couleur par Deroy.

294. HAMILTON (Antoine). Mémoires du Comte de Grammont. Ornés d'un portrait de A. Hamilton, et de 33 compositions de C. Delort, gravées au burin et à l'eau-forte par L. Boisson. Préface de H. Gausseron. *Paris, L. Conquet,* 1888. Grand in-8, dos et coins maroq. rouge, dos orné, tête dorée, non rogné, couvert. cons. (Champs).

Tirage à 200 ex. sur papier du Japon, avec un seul état des planches, noms des artistes à la pointe sèche. Exemplaire de choix, n° 131.
On a ajouté le prospectus illustré de la publication.

295. Havard (Henri). La France Artistique et Monumentale, illustrée de photogravures hors texte et de dessins dans le texte. *Paris, Librairie illustrée,* 1892-1895. Six vol. in-4, dos et coins chagr. brun, tête dorée, non rogné, dos orné.

296. Hennique (Léon). Le Songe d'une Nuit d'Hiver. Pantomime inédite. 10 compositions de Jules Chéret, gravées à l'eau-forte par Bracquemont. *Paris, Ferroud,* 1903. In-18, chagr. vert, dent. intér., tr. dorées, couvert. cons.

L'un des 200 exemplaires sur papier vélin d'Arches.
On a ajouté le prospectus illustré de la publication.

297. Henriot. L'Année Parisienne, texte et dessins par Henriot. *Paris, L. Conquet,* 1894. In-16, dos et coins maroq. rouge, dos orné et mosaïqué, tête dorée, non rogné, couv. coloriée cons.

Edition tirée à 300 exemplaires, non mise dans le commerce.

298. Herbert (Lady). L'Algérie contemporaine illustrée. *Paris, Palmé, s. date* (1880). In-8, toile rouge, plats et dos ornés, tr. dorées (reliure de l'éditeur).

299. Héricault (Charles d'). La Révolution, 1789-1882. Appendices par Em. de Saint Alban, Victor Pierre et Arthur Loth. P*aris, Dumoulin,* 1883. In-4, broché, non rogné, couv. *26 planches hors texte, dont 14 chromolithographies et 2 fac-simile.*

300. Hérisson (Comte d'). Œuvres diverses. P*aris, Ollendorff,* 1886-1894. 14 vol. in-16, brochés.

> Autour d'une Révolution, 1788-1799. — Le Cabinet noir. — La Chasse à l'Homme. — Un Drame royal. — Journal de la Campagne d'Italie. — Les Girouettes politiques, 3 vol. — Journal d'un Interprète en Chine. — Journal d'un Officier d'ordonnance, juillet 1870 à février 1871, 2 vol. — Le Prince Impérial (Napoléon IV). — La Légende de Metz. — Les Responsabilités de l'Année terrible.
> On a ajouté un portrait du comte d'Hérisson, gravé sur bois, au vol. « Autour d'une Révolution ».

301. Hervieux (Paul). Flirt. illustré par Mme Madeleine Lemaire. P*aris, Boussod et Valadon,* 1890. In-4, dos et coins maroq. vert, tête dorée, non rogné, couvert. cons.

> Ex. tiré sur papier vélin, On a ajouté le prospectus illustré de la publication.

302. Heures, dédiées à Madame, Duchesse d'Angoulême. P*aris, Lefuel,* 1822. Petit in-12, soie moirée, large dent. dor. sur les plats, dos orné, dent. intér., tr. dorées. (Etui). *Titre gravé et 6 vignettes.* Calendrier.

303. Histoire de la République Romaine. Accompagnée d'un précis historique, ouvrage exécuté d'après les dessins de S. de Myris. P*aris, Myris, an VIII* (1800). Un vol. in-4, de *120 planches gravées,* sans titre, numérotées de 1 à 120, reliure basane racine, tr. jaspées, dos orné.

> On a ajouté *le Titre et les 49 planches gravées* en taille-douce, d'après Pianger, Eisen, Gravelot, Saint-Aubin, de l'édition *Nyon de* 1789. En tout 169 planches.
> Trace d'humidité sur quelques gravures.

304. HOMÈRE. Illiade. Odyssée. Traduction nouvelle par Leconte de l'Isle. P*aris, Lemerre,* 1868. Deux vol. in-8, dem. rel. veau fauve, dos orné, tr. peigne.

> On a ajouté 1 portrait et 24 gravures de Marillier, gravées par Dambrun et Pons, pour l'Illiade, et 24 gravures de Moreau, Duvivier et Chasselat, *avant la lettre,* tablette blanche, pour l'Odyssée. En tout : 49 pièces (épreuves anciennes).

305. **HORACE**. Œuvres complètes, traduction en français par Charles Batteux. Portrait par Deveria, édition augmentée d'un commentaire par N. L. Achaintre. *Paris, Dalibon,* 1823. trois vol. in-8, dem. rel., veau grenat, dos orné, tr. jaspées.

On a ajouté 11 épreuves des figures de Percier, de l'édition **Didot**.
1 portrait sur chine de Horace, par St-Aubin.
3 autres portraits, gravés au trait.

306. **Houssaye** (Henry). 1814. 1 vol. — 1815. De la première restauration à la terreur blanche. 3 vol. *Paris, Perrin,* 1900-1905. En 4 gros vol. in-12, demi-chag. rouge, dos orné, tr. jasp., couv. cons. *Portrait et cartes.*

307. **Houssaye** (Arsène). Histoire du 41e fauteuil de l'Académie française. *Paris, Marpon et Flammarion,* 1886. In-18, demi-veau fauve, dos orné, tr. jasp. *Vignettes. 17 portraits ajoutés.*

308. **Houssaye** (Arsène). Les Grandes Dames. Edition avec gravures et eaux-fortes. *Paris, Librairie à Estampes, sans date* (1874). Grand in-8, dem. rel. chagr. rouge, dos orné, tr. jaspées, couv. cons.

309. **Houssaye** (Arsène). Molière, sa Femme, et sa Fille. *Paris, Dentu,* 1880. In-folio, dos et coins chagr. bleu, orn. dorés et mosaïqués sur le dos, tête dorée, non rogné, couvert. cons.

Ex. en papier de Hollande au Lys (n° 101).
L'ouvrage est orné d'eaux-fortes par Laguillermie et Momento, de têtes de pages, de culs-de-lampes, tirés en sanguine, de reproductions, de portraits, de gravures, etc.

310. **Hugo** (Victor). Drames. (Cromwel, Hernani, Lucrèce Borgia, Marie Tudor, Marion Delorme, Le Roi s'amuse, Ruy Blas), illustrés de 12 vignettes sur bois. *Paris, Ollendorf, sans date,* (1905). 7 brochures réunies en un vol. gr. in-8, dem. rel. chagr. vert. dos orné, tr. jaspées, toutes les couvert. cons.

On a ajouté : 7 portraits de V°r Hugo, dont 2 sur japon, en sanguine et en bleu, 1 sur chine volant, avant la lettre, 2 en photographie et 2 en phototypie.
1 portrait de Cromwell gravé sur acier.
1 suite de 3 eaux-fortes sur japon, remontées, de Régamey et Adeline, pour Marie Tudor.

1 suite de 5 phototypies, pour Marion Delorme.

1 programme avec musique, illustré de 8 vignettes et portraits gravés à l'eau-forte par Freypont, pour Marion Delorme.

1 suite de 5 phototypies de Vögel, pour Ruy Blas.

3 eaux-fortes de Flammeng et 3 phototypies pour Cromwell, Lucrèce Borgia, Le Roi s'amuse et Ruy Blas.

Au total : 35 pièces ajoutées.

311. Hugo (Victor). Ruy-Blas, drame en cinq actes. Un portrait et 15 compositions de Adrien Moreau, gravés par Champollion. *Paris, Conquet,* 1889. Gr. in-8, dos et coins maroq. marron, tête dorée, non rognée, dos orné, couvert. cons. (Champs).

Tirage à 350 exemplaires sur papier vélin du Marais (n° 306). On a ajouté le prospectus illustré de la publication.

312. Hugo (Victor). Hernani, drame en cinq actes. Un portrait d'après Devèria et 10 compositions de Michelena, gravés à l'eau-forte par Boisson. *Paris, Conquet,* 1890. Gr. in-8, dos et coins maroq. marron, tête dorée, non rogné, dos orné, couv. cons.

Exemplaire sur vélin du Marais (n° 300). On a ajouté une jolie eau-forte, avant la lettre, d'Henriot, représentant *Sarah-Bernhard* dans le rôle de Doña Sol de Silva (page 48).

313. Hugo (Victor). Notre-Dame de Paris. Frontispice et 11 planches gravés sur acier par Louis Boulanger, Alfred et Tony Johannot, Raffet, Rogier et Rouargue. *Paris, Renduel,* 1836. Trois vol. in-8, demi-rel. veau vert, dos orné, tranches marbrées. *Légères rousseurs.*

314. Hugo (Victor). Notre-Dame de Paris. Edition illustrée d'après les dessins de MM. E. de Beaumont, L. Boulanger, Daubigny, T. Johannot, de Lemud, Meissonnier, C. Roqueplan, de Rudder, Steinheil, gravés par les artistes les plus distingués. *Paris, Perrotin,* 1844. Gr. in-8, dos et coins chagr. vert, tête dorée, ébarbé.

Bel exemplaire de l'édition dite « à la Chouette ».

Très nombreuses gravures sur bois et sur acier hors texte, et dans le texte.

315. Hugo (Victor). Notre-Dame de Paris. Sculpture de Falguière, compositions de Biclerc, Falguière, Myrbach et Rossi, gravées par Guillaume. *Paris, O. Guillaume,* 1888. Petit in-8, dos et coins maroq. rouge, dos orné, tête dorée, non rogné,

couvert. en satin rose conservée. emboîtage avec le sujet
sculpté de Falguière, doublé de satin rose et rubans cons.
(Etui).

On a ajouté 1 portrait de Victor Hugo, d'après Deveria, gravé par
Monzies, sur chine, *avant la lettre*, et 2 eaux-fortes, spécimens de
Flameng.

316. **Hugo** (Victor). Poésies (Odes et Ballades, les Orientales,
les Feuilles d'Automne, les Chants du Crépuscule, les Voix
Intérieures, les Rayons et les Ombres, les Contemplations),
illustrées de 25 vignettes sur bois. *Paris, Ollendorf, sans
date* (1905). 7 brochures réunies en un seul vol. grand in-8,
dem. rel. chagr. vert, dos orné, tr. jaspées, toutes les couv.
cons.

On a ajouté : 6 portraits de Victor Hugo, dont 4 eaux-fortes : 3 sur
chine volant, avant la lettre, d'après Boilvin, Schœnewerk, David, et
1 sur chine monté avec lettre de Buracy.
4 eaux-fortes de Bayard et T. Gautier.
5 phototypies.

317. **Hugo** (Victor). Choix de Poésies. Reproduction autorisée
par lettre spéciale. *Bruxelles, Groupe ouvrier de l'Impr. Lefèvre*, 1880. In-64, demi-rel. veau fauve, dos orné, tr. peigne.

Edition microscopique du Cinquantenaire Belge, 1830-1880. Texte
encadré d'une dent. rouge.

318. **Hugo** (Victor). Fragments, journaux politiques, littéraires, illustrés. portraits, photographies, réunis par un amateur au moment de sa mort, en 1885. In-folio, dos et coins
chagr. rouge, dos orné, non rogné.

319. **Hurtado de Mendoza**. Vie de Lazarille de Tormès. Traduction nouvelle et préface de Morel-Fatio. Illustrations et
eaux-fortes de Maurice Leloir. *Paris, Launette*, 1886. In-8,
dos et coins chagr. vert, orn. dorés et mosaïqués en long sur
le dos, tête dorée, non rognée, couvert. ill. cons.

On a ajouté 1 portrait de Hurtado de Mendoza, gravé sur acier par
Geoffroy.

320. **Hustin**. Constant Troyon, avec 43 gravures, *Paris, O.
Pierson*, 1893. In-8 broché, non rogné, couv.

On a ajouté 2 eaux-fortes de Caucherel et de Toussaint, d'après
Troyon.

321. **Ideville** (Comte H. d'). Gustave Courbet. Notes et documents sur sa vie et son œuvre, avec huit eaux-fortes par A. P. Martial et un dessin de Edouard Manet. *Paris, se vend à Paris-Gravé,* 1878. In-8, broché, non rogné, couv. *Tiré à 3oo ex. numérotés, sur papier vergé teinté, avec les eaux-fortes sur japon, n° 181.*

> On a ajouté une eau-forte d'après Courbet *(Grotte et Cascade)*, gravée par Waltener, avant la lettre, et 1 portrait de Courbet, gravé à l'eau-forte par Massard.

322. **Imbert de Saint-Amand.** Les Femmes de Versailles. La Cour de Louis XIV et la Cour de Louis XV. 19 planches en taille-douce. *Paris, Dentu,* 1886. Un vol. in-4, demi-rel. maroq. La Vallière, dos et coins, dos orné, tête dorée, non rogné.

323. **Imbert de Saint-Amand.** Les Femmes de Versailles. La Cour de Marie-Antoinette. Les Beaux Jours, la fin de l'Ancien Régime. 19 planches en taille-douce. *Paris, Dentu,* 1887. Un vol. in-4, demi-rel. chagrin Lavall., non rogné, dos orné, couv. cons.

324. **Imbert de Saint-Amand.** Les Dernières Années de Marie-Antoinette. Ornées de 24 planches en taille-douce. *Paris, Dentu,* 1889. Un vol. in-4, demi-rel. chagrin Lavallière. dos orné, non rogné, couv. cons.

325. **Imbert de Saint-Amand.** La Cour de l'Impératrice Joséphine. 22 planches en taille-douce. *Paris, Dentu,* 1889. Un vol. in-4, demi-rel. chag. La Vallière, dos orné, non rogné, couv. cons.

326. **Imbert de Saint-Amand.** La Cour de Louis XVIII. *Paris, Dentu,* 1891. Un vol. in-4, *avec 24 planches en taille-douce,* dem. rel. chag. Lavallière, dos orné, non rogné, couv. cons.

327. **Imbert de Saint-Amand.** La Cour de Charles X. 23 planches en taille-douce. *Paris, Dentu,* 1892. Un vol. in-4, dem. rel. chag. Lavallière, dos orné, non rogné, couv. cons.

328. **Imbert de Saint-Amand.** La Duchesse de Berry en Vendée, à Nantes et à Blaye. Ouvrage illustré de 60 gravures,

dont 30 hors texte. *Paris, Dentu*, 1893. Un vol. in-4, dem. rel. chagr. Lavallière, dos orné, non rogné, couv. cons.

329. **Imbert de Saint-Amand**. Les Femmes des Tuileries. La Jeunesse de Louis-Philippe et de Marie-Amélie, 23 planches en taille-douce. *Paris, Dentu*, 1894. Un vol. in-4, dem. rel. chagr. Lavallière, dos orné, non rogné, couv. cons.

330. **Janin** (Jules). Un Été à Paris. — Un Hiver à Paris. Nombreuses vignettes dans le texte et planches hors texte. *Paris, Curmer*, 1843-1844. Deux vol. gr. in-8, dem. rel. maroq. vert, ornements dorés en long sur le dos, tr. jaspées.

   Les planches hors texte ont quelques légères rousseurs.

331. **Janin** (Jules). La Normandie Illustrée, par MM. Morel-Facio, Tellier, Gigoux, Daubigny, Hip^te Boulanger. *Paris, Bourdin*, 1862. Grand in-8, cart. percaline rouge, entièrement non rogné, couvert. illustrée cons.

   Édition avec les costumes coloriés.

332. **Janin** (Jules). La Bretagne, illustrée par H. Bellanger, Gigoux, Raffet, etc. *Paris, E. Bourdin*, 1862. Gr. in-8, dem. rel. chagr. La Vallière, plats toile, tr. dorées, dos orné.

333. **Janin** (Jules). Le Livre. *Paris, Plon*, 1870. In-8, dem. rel. chagr. vert, dos orné, tr. jasp., couv. cons. *Édition originale*.

334. **Jérusalem et la Terre Sainte**. Ornés de 8 jolies vignettes gravées sur acier. *Paris, Janet, s. date* (1840). In-18, reliure soie rose, orn. dorés au dos, tr. dorées (étui).

335. **Jouy**. La Galerie des Femmes, collection de huit tableaux recueillis par un amateur à Hambourg, 1799. Préface par Ch. Monselet. Édition ornée de 1 portrait et de 8 figures *libres*, gravées à l'eau-forte, sur papier vergé, avant la lettre. *Hambourg*, 1880. In-16, dos et coins maroq. bleu, tête dorée, non rogné. *Tiré à 3oo ex. seulement*.

336. **Keepsake français**, souvenir de littérature contemporaine, recueilli par M. J. B. A. Soulié, orné de deux frontis-

pices, 1 portrait et 15 planches sur acier. *Paris, Giraldon-Bovinet*, 1830. Petit in-8, demi-rel. veau rouge, dos orné.

> 1re Année.
> Recueil contenant des pièces de Walter Scott, Chateaubriand, C. Delavigne, Ch. Nodier, Lamartine, Ballanche, A. de Vigny, Béranger, Mérimée, La Mennais, Sainte-Beuve, Victor Hugo, B. Constant, A. Dumas, Stendhal, E. Deschamp, Mmes Desbordes Valdor, Tastu, etc.

337. Keepsake français, souvenir de littérature contemporaine. *Paris, Janet, s. date* (1833). In-18, demi-rel. maroq. vert, orn. dorés en long sur le dos, tranches jaspées (court de marges).

> Ce recueil contient 8 vignettes et des pièces de A. Chénier, E. Deschamps, T. Gautier, Marmier, Nodier, F. Soulié et Turquety.
> Légères rousseurs.

338. Keepsake français. Paris-Londres. Nouvelles inédites, illustrées de 26 jolies vignettes gravées à Londres par les meilleurs artistes. *Paris, Delloye*, 1837. In-8, demi-rel. veau fauve, dos orné, tr. marbr.

339. Keepsake français. Paris. Londres. Nouvelles inédites, illustrées de 26 jolies vignettes gravées. *Paris, Delloye*, 1841. In-8, demi-rel. maroq. bleu, dos orné, tr. jasp. *(2 exemplaires)*.

> Ce recueil contient des pièces de Mme Collet, de Golzan, A. Dumas, H. Martin, Mérimée, A. Barbier, etc.

340. Kahn (Gustave). La Femme dans la Caricature française, orné de 448 illustrations dans le texte et 72 gravures hors texte, en noir et en couleurs, d'après les plus rares et les plus amusantes caricatures de toutes les époques. *Paris, Méricant*, s. d. (1908). Grand in-8, demi-rel. chagr. vert, dos orné, tr. jaspées.

341. Karr (Alphonse). Sous les Tilleuls, *Paris, Olivier*, 1836. Deux vol. in-8, dem. rel. veau rouge, dos ornés, tranches jaspées.

> On a ajouté 1 portrait d'A. Karr, lithographié par Julien.

342. La Bédoyère. Recueil de toutes les pièces du procèz d'entre M. et Mme de La Bédoyère, M. de La Bédoyére leur fils, Agathe Sticotti, etc. *La Haye*, 1749. Deux tomes reliés en un vol. petit in-8, maroq. rouge, filets sur les plats, tranches dorées, dos orné (*reliure de l'époque*). Un coin de la reliure un peu usé.

343. **La Bruyère.** Les Caractères. Avec 18 eaux-fortes par V. Foulquier. *Tours, Mame,* 1867. Grand in-8, dos et coins maroq. rouge, dos orné, tête dorée, non rogné, couv. cons.

On a ajouté un portrait de La Bruyère gravé sur acier.

344. **LACHIZE** (Henri). Une Amazone sous le Premier Empire. Illustrée de 36 compositions gravées à l'eau-forte par Charles Thévenin, préface de Jules de Marthold. *Paris, Carrington,* 1902. In-8, maroq. vert Empire, tête dorée, non rogné, ornements à lignes courbes à froid sur plats, dent. intér., doublures et gardes soie, large dent. intér., couv. cons. (Etui.)

Tirage à 75 ex. sur papier du Japon (n° 44), avec les 36 gravures en 4 états : eau-forte pure, en noir et en bistre, eau-forte terminée avant la lettre et vignette dans le texte.

345. **Lacretelle** jeune et **J. P. Rabaut.** Précis Historique de la Révolution Française. *Paris, Treuttel et Wurtz,* 1800-1810. Six vol. in-18, basane racine, dos ornés, tr. jaspées.

Ouvrage complet, orné de 15 vignettes de Moreau et de Duplessis-Bertaux.

346. **Lacroix** (Paul). Mœurs, Usages et Costumes au Moyen-Age et à l'époque de la Renaissance. *Paris, Didot,* 1873. Grand in-8, dos chagr. rouge, plats toile, orn. dorés, tr. dorées (rel. de l'éditeur).

Ouvrage illustré de nombreuses vignettes sur bois et de chromolithographies.

347. **Lacroix** (Paul). Vie militaire et religieuse au Moyen-Age et à l'Epoque de la Renaissance. Illustrée de 14 chromolithographies exécutées par F. Kellerhoven, Régamey et L. Allard, et 409 figures sur bois. *Paris, Didot,* 1873. Grand in-8, dos chagr. rouge, plats toile, orn. dorées (reliure de l'éditeur). *I*er *tirage.*

348. **Lacroix** (Paul). Mœurs, Usages et Costumes au Moyen Age et à l'époque de la Renaissance. Ouvrage illustré de 15 pl. chromolithogr. et de 440 gravures. *Paris. Didot,* 1874. In-4, dos et coins maroq., dos orné, non rogné.

349. **Lacroix** (Paul). XVII⁰ Siècle. Institutions, Usages et Costumes. France 1590 à 1700. Ouvrage illustré de 16 chromolithographies et de 300 grav. sur bois, dont 20 tirées hors
texte, d'après les monuments de l'art de l'époque. *Paris,
Didot*, 1880. Grand in-8, dos et coins chagrin vert, dos orné,
tête dorée, non rogné. *1ᵉʳ tirage.*

350. **Lacroix** (Paul). XVIII⁰ Siècle. Institutions, Usages et Costume. France, 1700-1789. Ouvrage illustré de 21 chromolithogr. et 350 gravures sur bois. P*aris, Didot*, 1885. In-4, dos
et coins chagrin marron, dos orné, non rogné.

351. **Lacroix** (Paul). Directoire, Consulat et Empire. Mœurs,
usages, lettres, sciences et arts. Ouvrage illustré de 10 chro-
molitho. et de 410 grav. sur bois, d'après Debucourt, Isabey,
Girodet, Ingres, Boilly, etc. *Paris, Firmin-Didot*, 1884. In-4,
dos et coins, chag. marron, dos orné, non rogné, couv. cons.
Premier tirage.

352. **Lacroix** (Paul). Bibliographie Moliéresque, un portrait.
Paris, Fontaine, 1875. In-8, broché, non rogné, couv. *Tirage
à 5oo ex. sur Hollande (nᵒ 499).*

353. **Lacroix** (Paul). Iconographie Moliéresque, portrait, Pa-
ris, Fontaine, 1876. In-8, broché, non rogué, couv. *Tirage à
5oo ex. sur Hollande (nᵒ 165).*

354. **Lafarge** (Mᵐᵉ). Mémoires, écrits par elle-même. — Heures de prison. *Paris, Calmann-Lévy*, 1886-94. Les 2 tomes
reliés en 1 vol. in-16, demi-veau fauve, dos orné, tr. jasp.
Portraits.

355. **La Fayette** (Madame de). La Princesse de Clèves, préface
par Anatole France. Un portrait et 12 compositions de Jules
Garnier, gravées par Lamotte. *Paris, Conquet*, 1889. In-8,
dos et coins maroq. vert, dos orné, tête dorée, non rogné,
couvert. cons. (Champs).

   Tirage à 350 ex. sur vélin du Marais (nᵒ 259).
   On a ajouté le prospectus illustré de publication.

356. **Lafenestre** (Georges). Le Livre d'Or du Salon de peinture et de sculpture, orné de 63 planches gravées à l'eau-
forte, années 1882-1883-1884-1885. *Paris, Libr. des Bibliophi-*

les, 1882-1885. Quatre vol. in-4 brochés, non rognés, couv. cons.

357. **La Fontaine**. Fables choisies, mises en vers par J. de la Fontaine. *A Bouillon, aux dépens de la Société Typographique*, 1776. En 4 vol. in-8, demi-rel. maroq. bleu, tête dorée, non rogné.

> Frontispice et 246 figures d'après celles de Oudry, **gravés par Alard, Bertin, Crescent et Savart.**

358. **La Fontaine**. Fables. Illustrées par Grandville. *Paris, Garnier*, 1855. Gr. in-8, chagr. vert, tranches dorées (Etui). *Très bon tirage des nombreuses grav.*

359. **LA FONTAINE**. Fables, notices par Poujoulat. 50 gravures et 1 portrait gravés à l'eau-forte par Foulquier. *Tours, Alfred Mame*, 1875. Grand in-8, dos et coins chagr. bleu, tête dorée, non rogné, dos orné, couvert. cons. *Le texte et toutes les gravures sont montés sur onglets.*

> On a ajouté : 12 vignettes de Percier sur chine volant de l'**édition** Didot.
> 6 gravures d'Oudry, tirage moderne.
> 1 vignette de Devéria, gravée sur acier, représentant La Fontaine lisant ses fables à madame de la Sablière.
> 3 phototypies diverses, d'après des peintres en renom.
> 17 photographies de Goupil, d'après des peintres en renom.
> 2 vignettes en sanguine, « L'amour et et la folie de Guido Reni » et « le coq et le chat et le souriceau », de Nargeot.
> 2 photogravures, d'après des peintres en renom.
> 2 lithographies de Decamps, l'une sur chine, « Les voleurs et l'âne », l'autre « le loup et les bergers ».
> 1 eau-forte, avant la lettre : « le loup et l'agneau ».
> 13 eaux-fortes de Riballier, gravées pour l'éditeur Glady.
> 15 vignettes de Moreau, gravées en sanguine, tirage moderne.
> 75 planches, dessinées et gravées à l'eau-forte par Dellière, **pour** l'édition Quantin.
> **Soit au total 149 pièces ajoutées.**

360. **La Fontaine**. Fables, avec une préface par Théodore de Banville. Compositions inédites de Moreau, gravées par Milius. *Paris, Rouquette*, 1883. Deux vol. in-18, dos et coins maroq. rouge, têtes dorées, non rognés, dos orné de petits fers.

> On a ajouté 1 eau-forte de Lerat, d'après Adam, de l'édition Jouaust.
> Les vignettes sont en double état : hors texte et dans le texte.
> Tirage à petit nombre, papier vergé.

361. **La Fontaine**. Fables, P*aris, Marpon et Flammarion, s. d.*
2 vol. in-64, dos et coins maroq. rouge, tête dorée, non rogné.
Edition microscopique.

362. **LA FONTAINE**. Contes et Nouvelles en vers. Portrait,
titres gravés, figures hors texte et vignettes à l'eau-forte.
Lyon, Schéuring, 1874. Deux vol. in-8, dos et coins chagr.
vert, ornements dorés et mosaïqués en long sur dos, tête
dorée, non rogné, couvert. cons.

> Exemplaire sur papier vergé teinté. (n° 55).
> On a ajouté 73 figures, fleurons, portraits, d'après Fragonard, gra-
> vés par Touzé, Mallet, Milias, Mongin, Le Rat et Los Rios, en épreu-
> ves sur papier vélin, en noir, *avant la lettre*, de l'édition Rouquette.

363. **La Fontaine**. Contes et Nouvelles en vers. Illustrations
en taille-douce, à mi-page, de Duplessis-Berthaux. *Rouen,
Lemonnyer*, 1879. Deux vol. in-18, dos et coins chagr. orange,
dos orné, tête dorée, non rogné. P*apier vergé.*

364. **La Fontaine**. Contes. Edition illustrée de 180 vignettes
par T. Johannot, G. Boulanger, Roqueplan, Fragonard, et de
dessins hors texte par Staal, précédés d'une introduction par
Louis Moland, P*aris, Garnier, s. date* (1886). Gr. in-8, dos et
coins chagr. rouge, dos orné, tête dorée, non rogné. P*apier
fort.*

365. **LA FONTAINE**. Contes et Nouvelles. Ornés de 1 portrait de La Fontaine, 1 portrait de Fragonard, 2 vignettes pour
les titres, 69 planches de Fragonard, 67 en-têtes et culs-de-
lampes de Choffard. P*aris, Rouquette*, 1883. Deux vol. in-8
reliés en 5 vol., dos et coins maroq. vert, orn. dorés en long
sur le dos, tête dorée, non rogné, couvert. cons.

> Exemplaire sur japon, avec toutes les gravures en double état :
> *avant la lettre* et avec lettre, tirage à 100 ex. numérotés (N° 26).
> On a ajouté : La suite de 1 fleuron par Choffard, 1 portrait et 20
> estampes de Fragonard, pour l'édition Didot 1795, réduites et gravées
> par de Mare pour l'éditeur Conquet, en 1881, épreuves *en double état :*
> premier état sur japon, tiré à 50 exemplaires, *eaux-fortes pures*,
> et en troisième état sur hollande, *avant la lettre*, tiré à 50 exem-
> plaires, avec les noms des artistes à la pointe.
> La suite de 3 portraits et 76 vignettes gravées d'après Duplessis-
> Bertaux, sur japon, *avant la lettre*, pour l'éditeur Lemonnyer.
> La suite de 2 portraits et 83 vignettes d'Eisen, tirées en sanguine,
> sur chine volant, *avant la lettre*, pour l'éditeur Barraud.

1 portrait de La Fontaine, sur hollande, *avant la lettre*, eau-forte par
Le Rât.
   Au total : 355 pièces.

366. **LA FONTAINE**. Contes. Avec illustrations de Fragonard. Réimpression de l'édition de Didot, 1795, revue et augmentée d'une notice par Anatole de Montaiglon. (100 planches). *Paris, Lemonnyer*, 1883. Deux vol. in-4, dos et coins,
maroq. rouge, têtes dorées, non rognés, couvert. cons.

> Exemplaire sur papier vélin.
> On a ajouté 1 portrait de Fragonard, 1 fleuron de Choffard et 20 es-
> tampes dessinées par Fragonard, gravées à l'eau-forte par de Mare,
> 4me etat sur Hollande, n° 291 (édition Conquet).
> Une suite de 3 desssins de Fragonard, en bistre sur japon, gravés
> par Lurat pour l'éditeur Conquet.
> La suite de 38 estampes et deux vignettes gravées en taille-douce par
> Lepallier, d'après Pater. Eisen, Boucher et Lancret, sur japon.
> La suite de 6 estampes dessinées et gravées au trait par J. H. Ram-
> berg, sur japon, en bistre.
> La suite de 14 compositions de A. P. Martial, pour faire suite aux
> 60 planches de Fragonard, gravées sur hollande, en noir.
> Les titres et faux-titres de ces suites sont conservés.
> **Au total : 185 pièces.**

367. **LA FONTAINE.** Contes et Nouvelles, ornés de 1 portrait de La Fontaine, 1 portrait de Fragonard, 2 vignettes
pour les titres, 69 planches de Fragonard, 67 en-têtes et culs-
de-lampes de Choffart. *Paris, Rouquette*, 1883. Deux vol. in-8,
dos et coins chagr. rouge, tête dorée, non rogné, dos orné,
couv. cons.

> Exemplaire sur vélin, n° 623.
> On a ajouté : 5 lithographies de Hersent, 1 portrait et 20 estampes
> de Fragonard, gravés à l'eau-forte par de Mare, en 4me etat, sur hol-
> lande, de l'édition Conquet (n° 302), 1 gravure sur bois, d'après Fra-
> gonard, 2 lithographies de Devéria, 4 vignettes gravées sur acier de
> T. Johannot, de l'édition Furne, 2 vignettes sur chine volant, d'après
> Fisquet, épreuves d'artiste, 2 vignettes de Collin, gravées par Pour-
> voyeur, épreuves avant la lettre, 1 portrait de La Fontaine gravé sur
> acier.
> **Total : 111 pièces.**

368. **La Fontaine.** Contes et Nouvelles en vers. *Paris,
Richard*, 1883. En 2 vol. petit in-8, chagrin bleu, dos ornés
et mosaïqués, large dentelle dorée sur les plats, gardes en
chagrin vert, dentelle intérieure, couvert. cons., tranches
dorées (étuis).

Edition tirée sur papier teinté (n° 196), texte entouré d'un filet rouge, avec la reproduction des 2 portraits et des 83 dessins d'Eisen, de l'édition des Fermiers Généraux.

On a ajouté : 1 Portrait de La Fontaine, d'après Rigaud, gravé en sanguine, sur japon.

369. LA FONTAINE. Les Amours de Psyché et de Cupidon, par M. de La Fontaine. Nouvelle édition avec 6 figures dessinées par Binet, gravées par Blanchard. *Paris, Imprimerie de Patris,* 1796. In-32, veau rouge, plats en veau gauffrés, tranches bleues et or, dent. dorée sur plats, dos orné, gardes soie bleue, dentelle intér. (étui). (Reliure romantique refaite.)

On a ajouté : 1 portrait de La Fontaine de Rigault, 6 vignettes de Moreau, avec lettre, 5 vignettes de Desenne, avant lettre.
Soit au total : 18 pièces, y compris les 6 vignettes de l'édition.

370. LA FONTAINE. Album de la collection des grands Ecrivains. *Paris, Hachette,* 1897. Gr. in-8, dos et coins chagr. vert, dos orné, tête dorée, non rogné, couvert. cons.

Cet album comprend 4 portraits, 2 fac-similes d'autographes, 2 vues d'Habitations. On a ajouté : 1 portrait gravé à l'eau forte par Foulquier, de l'édition Mame ; 11 eaux-fortes dites des douze peintres de l'édition Jouaust, et **deux très jolies aquarelles anciennes,** l'une signée J. D. : « *Le loup et la cigogne. — Les femmes et le secret* ».

371. LA FONTAINE (J. de). Œuvres d'après les textes originaux, suivies d'une notice sur sa vie et ses ouvrages, par Alphonse Pauly. *Paris, Lemerre,* 1875. Sept vol. in-8, dos et coins chagr. vert, filets dorés sur dos, tête dorée, non rogné, couvert. cons. *Papier vergé.*

On a ajouté 6 portraits de La Fontaine, dont 1 en sanguine sur japon, — 15 autres portraits de divers personnages cités dans l'ouvrage, dont deux de Fragonard, sur japon, (eau-forte pure et avant la lettre.)
Pour les **Fables :** 1 suite de 72 eaux-fortes, d'après Oudry, gravées par Courtry, Monzies, etc., pour l'édition Lemerre.
Une suite de 12 eaux-fortes de Riballier, pour l'éditeur Glady.
Une suite de 12 eaux-fortes, dite des douze peintres, gravées pour l'éditeur Jouaust.
Une suite de 12 vignettes de Moreau, tirage moderne en bleu.
Une suite de 60 vignettes de Couché et Ransonnette, avant la lettre, d'après Desenne et autres, pour l'édition Nepveu.
Pour les **Contes :** une suite de 23 vignettes, gravées à l'eau-forte, d'après Lancret, Fragonard, Eisen, pour l'édition Lemerre.
Une suite de 25 eaux-fortes diverses, d'après Fragonard, gravées

233. — Théo. Gautier. Mlle de Maupin

Aquarelle originale (1re suite)

par de Mare, sur japon, pour l'éditeur Conquet, *eaux-fortes pures et avant la lettre*.

1 vignette de Marillier, pour Philémon et Baucis.
2 vignettes de Moreau, *avant la lettre*, pour Adonis.
3 vignettes de Moreau, avant la lettre, pour Psyché.
9 vignettes de Moreau et Desenne, pour le Théâtre.
Au total : 253 pièces ajoutées, anciennes et modernes.

372. **Lagrèze.** Pompéï. Les Catacombes, l'Alhambra, par G. B. de Lagrèze, illustrés de 95 gravures. *Paris, Firmin Didot*, 1872. Gr. in-8, dem. rel. veau fauve, tr. peigne, dos orné.

373. **Lamartine** (Al. de). Le Lac. 16 planches à l'eau-forte, par Alex. de Bar, tirées sur chine. *Paris, Curmer*, 1860. In-folio, dem. rel. maroq. rouge avec coins, tr. dorées (Curmer).

Exemplaire n° 30, monté sur onglets, planches avant la lettre. Ornements par Cartenacci.

375. **Lano** (Pierre de). Les Bals travestis et les Tableaux vivants sous le second Empire. Illustrés de 25 aquarelles, tirées hors texte, par Léon Lebègue. *Paris, Simonis Empis*, 1893. Gr. in-8, dos et coins chag. bleu, dos orné et mosaïqué, tête dorée, non rogné, couvert. ill. cons.

376. **La Rochefoucauld.** Réflexions, sentences, et maximes, nouvelle édition conforme à celle de 1678, et à laquelle on a joint... Préface par Sainte-Beuve. *Paris, Jannet*, 1853. In-12, dos maroq. vert, tête dorée, non rogné.

377. **Larousse.** Revue Encyclopédique. Recueil documentaire universel illustré, publié sous la direction de M. Georges Moreau. 1891 à 1896. *Paris, Larousse.* Six volumes in-4 dem.-rel. chagrin gros bleu, plats toile, tranches jaspées.

378. **Larousse.** Atlas illustré. 42 cartes et 1,158 reproductions. *Paris, Larousse*, 1898. In-4 en feuilles, non rogné.

379. **Léandre** (Albums C.). Nocturnes. — Paris et la province. — Quelques tranches de vie. Illustrations en noir et couleur. *Paris, Simonis Empis et Juven*, 1896. Trois Albums in-4, brochés, non rognés, couv. ill.

380. **Lebon** (Joseph). Les Secrets de Joseph Lebon et de ses complices. Deuxième censure républicaine ou lettre d'A.-B.-J. Guiffroy, représentant du peuple à la convention par le département du Pas-de-Calais. — Pièces justificatives. — Rapport fait à la Convention Nationale au nom de la Commission des Vingt-et-Un, pour examiner la conduite du représentant Joseph Lebon, par J.-B. Quirot, député à la Convention Nationale par le département du Doubs, avec pièces justificatives. — Procès de Joseph Lebon au Tribunal criminel du département de la Somme, du 6 fructidor, 3me année républicaine. *Paris, Guffray, an III de la République.* Deux vol. in-8, dem-rel. veau fauve, dos ornés, tr. jaspées.

Rare et curieuse grande gravure (pliée). **Les Formes acerbes.** *Pièce allégorique représentant Jos. Lebon entre les deux guillotines d'Arras et de Cambray, s'abreuvant du sang de ses victimes dont les nombreux cadavres sont entassés à ses pieds.*

381. **Lemaistre de Sacy.** La Sainte-Bible, traduite par Lemaistre de Sacy. Illustrée de 32 belles gravures sur acier, d'après les grands maîtres, d'une carte et d'un plan de Jérusalem. *Paris, Furne,* 1841. Quatre vol. gr. in-8, dos chagr. noir, plats toile, tr. dorées.

On a ajouté 2 phototypies, d'après Rubens.

382. **Lemaistre de Sacy.** Le Livre de Ruth, traduit de la Sainte-Bible. Illustrations à l'eau-forte, de Bida. *Paris, Hachette,* 1876. In-folio, en feuilles, dans le carton de l'éditeur. *Gravures avant la lettre,* légende sur la garde.

383. **Lemaistre de Sacy.** Histoire de Joseph, traduite par Lemaistre de Sacy. Illustrations à l'eau-forte, de Bida. *Paris, Hachette,* 1878. Grand in-folio, cartonn. toile rouge, fers sur les plats, non rogné. (Rel. de l'éditeur). *Planches avant la lettre, légende sur la garde des gravures.*

384. **Lemaistre de Sacy.** Histoire de Tobie, traduite de la Sainte-Bible par Lemaistre de Sacy. Illustrations à l'eau-forte, de Bida. *Paris, Hachette,* 1880. Grand in-folio, cart. toile rouge, fers dorés sur les plats, non rogné (rel. de l'éditeur). *Gravures avant la lettre, légende sur la garde.*

385. **Lemaistre de Sacy.** Histoire d'Esther, traduite de la Bible par Lemaistre de Sacy. Illustrations à l'eau-forte, de

Bida. *Paris, Hachette*, 1882. Grand in-folio, cartonnage toile rouge, fers sur les plats, non rogné (rel. de l'éditeur). *Planches avant la lettre, légende sur la garde des gravures.*

386. **Le Petit.** La Ménagerie Impériale. 31 planches. — Fleurs, fruits et légumes du jour. 24 pl. *Paris, bureaux de l'Eclipse, s. d.* Les 2 albums reliés en 1 vol. demi-chagrin vert, dos orné. *Planches coloriées.*

> Chaque pl. collée aux quatre coins sur carte, mais avec les marges. Le 1er plat de la couv. du 1er album cons., le tout monté sur onglets.

387. **Lépine** (Ernest). La Légende de Croquemitaine. Illustrée de 175 vignettes sur bois, par Gustave Doré. *Paris, Hachette,* 1874. In-4, demi-rel. chagr. rouge, dos orné, tr. jasp.

388. **Lépine** (Ernest). Histoire du Capitaine Castagnette. Illustrée de 43 vignettes sur bois, par Gustave Doré. *Paris, Hachette.* 1879. In-4, reliure percaline verte, ornements dorés sur les plats, tr. dorées (rel. de l'éditeur).

389. **Leroy** (Charles). Le Colonel Ramollot. Nouveaux exploits du Colonel Ramollot. Recueils de récits militaires, suivis de fantaisies civiles, avec une préface d'Etienne Carjat. Eaux-fortes de Jules Henriot et de Kauffmann. *Paris, Marpon et Flammarion, sans date* (1885). Deux vol. in-16, demi-rel. veau fauve, dos orné, tranches peigne, couv. cons. *Nombreuses vignettes.*

390. **Le Sage.** Histoire de Guzman d'Alfarache. Nouvellement traduite et purgée des moralités superflues. *Amsterdam,* 1777. Deux vol. in-18, veau lisse, dos orné.

> Ouvrage illustré de 16 vignettes.

391. **Le Sage.** Turcaret. 5 vignettes de Valton, gravées par Goujean. *Paris, Quantin, s. date* (1890). In-16, dos et coins chagr. bleu, tête dorée, non rogné, dos orné et mosaïqué, couvert. cons.

> On a ajouté 1 portrait de Lesage, gravé à l'eau-forte, sur chine volant, par Monziès, d'après H. Pille, avec les personnages des œuvres de Lesage, pour l'éditeur Lemerre.

392. **Lescure.** Les Mères illustres. Études morales et portraits d'Histoire intime. Ouvrage orné de 12 grav. sur bois, d'après

les documents originaux. *Paris, Didot*, 1882. In-8, dem. chagr. vert, dos orné, tr. jasp., couv. cons.

Hommage de l'auteur signé ; on a retranché le nom du destinataire.

393. Lescure. Les Grandes Épouses. Études morales et portraits littéraires intimes. Ouvrage orné de 12 portraits gravés sur bois, d'après les originaux authentiques. *Paris, Didot*, 1884. In-8, dos chagr. vert, dos orné, tr. jasp., couv. cons.

Hommage de l'auteur signé ; on a retranché le nom du destinataire.

394. LETTRES ET LES ARTS (Les). Revue illustrée. Année 1886 complète. — Janvier, février, juin, juillet, août, septembre, octobre 1887. — Janvier, février, mars, avril, mai, juin 1888. — Mai, juin, novembre 1889. *Paris, Boussod et Valadon.* 28 nos. La 1re année, 1886, est reliée en 4 vol. in-4, les 2 premiers en veau rouge, tête dorée ; les 2 autres, dos et coins maroq. grenat, non rognés ; les autres nos sont brochés.

Quantité de gravures noires et coloriées.

395. Même ouvrage. De l'année 1886. Les 4 premiers mois (janvier à avril), en 4 vol. in-4, br., non rog., couv.

39*. Lévêque (Eugène). Iconographie des fables de La Fontaine, La Motte, Dorat et Florian, avec une étude sur l'Iconographie antique par Eugène Lévêque. Album de 104 héliogravures de Boussod et Valadon, tirées en sanguine. *Paris, Flammarion*, 1893. In-8, dem. rel. veau fauve, dos orné, non rogné, couv. cons.

397. Lhomme (F.). Raffet. Ouvrage accompagné de 155 gravures. *Paris, Allison, s. date* (1890). Petit in-4, dem. rel. chagr. vert, dos orné, non rogné, couv. conservée.

398. Lhomme. Charlet. Ouvrage accompagné de 74 gravures dans le texte et 4 lettres autographes du maître. *Paris, Allison, s. date* (1890). Petit. in-4, dem. rel. chagr. vert, dos orné, non rogné, couv. conservée.

399. Lièvre (Edouard). Le Musée Universel, avec le concours des artistes et des écrivains les plus distingués. *Paris, Goupil*, 1868. 25 planches gravées à l'eau-forte, en héliogr. et lithographies, avec autant de feuillets de texte explicatif. In-4, en feuilles, dans le cart. de l'éditeur.

Envoi autographe de l'auteur.

400. Livre d'Heures satirique et libertin du XIXᵉ siècle. Texte par A. de Musset, Voltaire, Pigault-Lebrun. Entourage en couleur et en différents tons à chaque page. *Bruxelles, Kistemachers, sans date* (1890). In-16, chagr. bleu, tr. dorées, dent. intér., couv. cons.

401. Loliée (Frédéric). La Vie d'une Impératrice (Eugénie de Montijo), d'après des mémoires de cour inédits. Ouvrage illustré de nombreuses illustrations. *Paris, Juven, sans date* (1907). In-8, dem. maroq. vert, dos orné, tr. jaspées, couv. ill. cons.

Ouvrage orné de 41 phototypies.
On a ajouté : 1 gravure sur acier de Nargeot: « La Famille Impériale de France », 1 lithographie de Kaeppelin « S. A. le Prince Impérial », 2 photographies du prince Impérial, dont une en couleur.

402. Loliée (Frédéric). La Fête Impériale (Les femmes du Second Empire). *Paris, Juven, sans date* (1907). In-8, demi-chagr. vert, dos orné, tr. jasp., couv. ill. cons. *Ouvrage orné de 59 phototypies et de 19 fac-similes d'autographes.*

403. Loliée (Frédéric). Les Femmes du Second Empire (papiers intimes). *Paris, Juven, sans date* (1906). In-8, demi-chagr. vert, dos orné, tr. jaspées, couvert. ill. cons. *Ouvrage orne de 44 phototypies.*

404. Lolié (Frédéric). Frère d'Empereur, Le Duc de Morny et la Société du Second Empire. Ouvrage orné de vingt-deux illustrations. *Paris, Emile Paul,* 1909. In-8, demi-chagr. vert, dos orné, non rogné, couv. cons.

On a ajouté un portrait de Louis-Napoléon, gravé sur acier.

405. LONGUS. Les Amours Pastorales de Daphnis et Chloé. *S.-L.,* 1745. In-18, veau granité, filets dorés sur les plats, dos orné, tr. dorées.

Edition illustrée de 1 frontispice et de 8 vignettes, dont celle *aux petits pieds* et *au chien* de Scotin ; il y a des culs-de-lampes de Cochin à la fin de chaque Livre, qui ne se trouvent pas toujours dans cette édition.

406. Longus. Les Amours Pastorales de Daphnis et Chloé, escrites en grec par Longus et translatéés en françois par Jacques Amyot. *Londres*, 1779. In-18 veau racine, tranches dorées, filets dorés sur les plats, dos orné, tr. dorées.

Cet ouvrage est illustré de 30 vignettes, d'après celles du Régent, la gravure dite *aux petits pieds*, de Caylus, s'y trouve. Frontispice.

407. Longus. Les Amours Pastorales de Daphnis et Chloé. *Amsterdam*, 1794. In-32, veau vert, dentelle sur les plats agrémentée de fleurs de Lys, dent. intér., tr. dorées, (étui).

Exemplaire lavé auquel on a ajouté : 1 frontispice et 9 vignettes, d'après celles du Régent, gravées par Audran (celle dite aux « petits pieds » de Caylus s'y trouve.)
4 eaux-fortes de Lévy, de l'édition Jouaust.

408. Longus. Les Amours Pastorales de Daphnis et Chloé, traduites du grec, de Longus, par J. Amyot. Ornées de 5 vignettes de Binet, gravées par Blanchard. *Paris, Renouard*, 1803. In-32, veau racine, dent. dorée sur les plats, tr. dorées.

409. Longus. Les Pastorales de Longus ou Daphnis et Chloé, traduction d'Amyot, corrigée et complétée par P. L. Courrier. *Paris, Corréard*, 1821. In-8, dos chagr. rouge, plats toile, dos orné, tr. dorées.

On a ajouté 31 vignettes et culs-de-Lampes, publiés dans l'édition Leclerc, belles épreuves sur chine volant.

410. Longus. Daphnis et Chloé, traduction d'Amyot, revue et complétée par P.-L Courrier. Nouvelle édition ornée de jolies gravures. *Rouen, Lemonnyer*, 1878. In-8, dos et coins chagr. orange, tête dorée, non rogné, dos orné.

411. Longus. Les Pastorales de Longus, ou Daphnis et Chloé, traduction de J. Amyot, revue par P. L. Courier, introduction par H. Houssaye. 11 figures et vignettes gravées sur acier et à l'eau-forte, d'après Prudhon, Hersent, Gérard, Eisen. *Paris, Librairie à Estampes, sans date* (1880). In-4, dem. rel., dos et coins chagr. rouge, tête dorée, non rogné, dos orné. *Planches avant la lettre.*

On a ajouté 2 photographies de Goupil, d'après des tableaux de peintres en renom.
Ex. n° 75 sur papier teinté.
2 trous en haut des pages 33 et 35, en dehors du texte.

412. **Longus.** Les Amours pastorales de Daphnis et Chloé, traduction française par Jacques Amyot, et complétée par P.-L. Courier. Paris, *Delarue, sans date* (1880). In-18, dos et coins chagr. rouge, tête dorée, non rogné, dos orné, couv. cons.

On a ajouté 7 eaux-fortes de Boilvin. d'après les dessins de Prudhon, de l'édition Lemerre.

413. **Longus.** Daphnis et Chloé, traduction de P.-L. Courrier, Compositions dessinées et gravées à l'eau-forte par Paul Avril. Paris, *Conquet*, 1898. In-16, dos et coins maroq. vert, dos orné et mosaïqué, tête dorée, non rogné, couvert. cons.

On a ajouté sept eaux-fortes, d'après les dessins de Prudhon, gravés par Boilvin, de l'édition Lemerre, et 4 eaux-fortes de Emile Lévy, de l'édition Jouaust.

Exemplaire non mis dans le commerce, offert par la veuve de l'éditeur, à M. Würtz, avec sa carte de visite ainsi libellée : *Dernier souvenir de L. Conquet.*

414. **Lossow** (Henri). Métamorphoses. 12 dessins. *Paris, Hinrichsen, sans date* (1890). In-4, en feuilles, dans le cartonnage, ill. de l'éditeur.

415. **Lossow** (Henri). Triomphe de Cupidon. 12 dessins. *Paris, Hinrichsen, sans date* (1890). In-4, en feuilles, dans l'emboîtage, ill. de l'éditeur.

416. **LOTI** (Pierre). Pécheur d'Islande. Portrait et illustrations de Jazet, gravés par Manchon. *Paris, Calmann Lévy*, 1886. In-16, dos et coins chagrin rose, dos orné, tête dorée, non rogné, couv. cons. (Champs).

Edition originale tirée à 380 exemplaires, pour l'éditeur Conquet (n° 304). Jolies eaux-fortes.

417. **Louys** (Pierre). Byblis. Compositions en couleurs de Henri Caruchet, préface par Gilbert de Voisins. *Paris, Ferroud*, 1901. In-8, dos et coins maroq. vert, dos orné et mosaïqué en long, tête dorée, non rogné, couv. ill. cons.

Ex. sur papier vélin d'Arches (n° 115). Prospectus illustré de publication ajouté.

418. **Lubke** (Wilhelm). Essai d'Histoire de l'Art, traduit par C. Ad. Koella. Ouvrage illustré de 619 gravures sur bois. *Paris, Rouam*, 1886. Deux vol. in-8, dem. rel. veau fauve, dos orné, tr. peigne.

419. Lumet (Louis). Napoléon Ier, Empereur des Français. 348 reproductions, dont 6 en couleurs, d'après des pièces françaises et étrangères des collections nationales, des musées et des collections particulières. *Paris, Nilson, s. date*, 1909. In-4, dem. rel. chagrin vert, dos orné, non rogné, couv. en couleur, conservée.

420. Maistre (Xavier de). Voyage autour de ma chambre, préface par Alex. Piedagnel. Portrait inédit et 6 eaux-fortes de Charles Delort. *Paris, Quantin*, 1882. In-16, dos et coins chagr. bleu, tête dorée, non rogné, dos orné et mosaïqué, couvert. cons.

421. MAISTRE (Xavier de). Les Prisonniers du Caucase. Neuf compositions de Julien Le Blant, gravées à l'eau-forte par Louis Muller, préface par Léo Claretie. *Paris, Ferroud*, 1897. In-8, maroq. vert, tête dorée, non rogné, ornem. dorés et mosaïqués en long sur le dos, filets courbes sur les plats, dent. intér., couvert. cons. (étui).

L'un des 25 exemplaires sur papier du Japon, avec deux etats des eaux-fortes : eaux-fortes terminées avant la lettre et avec remarque, et eaux-fortes avec la lettre.
Le prospectus de publication, avec eau-forte sur japon, est ajouté à la fin du volume.

422. Les Maîtres humoristes. Les meilleurs dessins. Les meilleures légendes. *Paris, Juven, Laurens, s. d.* Lot de 7 vol. in-8, br., non rogné, couv.

J. L. Forain, 2 vol. — Albert Guillaume, 2 vol. — Honoré Daumier, 2 vol. — A. Grévin.

423. Maîtres de la Peinture (Les), comprenant 20 reproductions en couleur de tableaux célèbres des Musées, d'après Poussin, Lorrain, Watteau, Chardin, Greuze, Mme Lebrun, Corot, Millet, Rembrandt, P. Potter, de Velde, Hobbema, Rubens, Murillo, Turner, Gainsborough. *Paris, Colin, s. date*. In-4, dem. rel. maroq. rouge, dos orné, non rogné. Les pl. montées sur onglets.

424. Maizeroy (René). La Mer, préludes de P. Arène, P. Bonnetain, P. Bourget, G. Geffroy, Catulle Mendès, A. Silvestre.

24 eaux-fortes et 6 héliogravures hors texte, illustrations par
Louise Abbema et Georges Clairin. *Paris, Petit, s. date*, 1895.
In-folio, dem. rel. chagr. rouge, plats toile, tr. jasp., couvert.
illustrée, cons.

> Les eaux-fortes sont tirées des œuvres de Butin, Corot, Courbet,
> Daubigny, Dupré, Duez, Isabey, Meissonnier, Monnet, Stevens, Ziem.

425. Mangin (Arthur). Les Jardins, histoire et description.
Dessins de Anastasi, Daubigny, Foulquier, Giacomelli, etc.
Tours, A. Mame, 1867. In-folio, dem. rel., dos et coins maroq.
rouge, tête dorée, non rogné.

426. Mantz (Paul). Les Chefs-d'œuvres de la Peinture Italienne.
Ouvrage contenant 20 planches chromolithographiques exécutées par F. Kellerhoven, trente planches sur bois et qua-
rante culs-de-lampe et lettres ornées. *Paris, Didot*, 1870. In-
folio, toile verte, dos et plats ornés, non rogné (rel. de l'éditeur).

> 1ᵉʳ tirage. Ex-libris Massicot.

427. Marguerite de Navarre. Contes et Nouvelles de Marguerite de Navarre, mis en beau langage, accomodé au goût
de ce temps, et enrichis de figures en taille-douce. Frontispices et nombreuses vignettes à mi-page de Romain de Hooghe.
Paris, aux dépens de la Compagnie, 1740. Deux vol. in-12,
veau fauve, filets sur les plats, dos ornés, dentelle intér., tête
dorée, non rogné.

> On a ajouté 18 eaux-fortes, d'après Freudeberg, gravées par Marti-
> nez. (Edⁿ Lemerre).

429. Marmontel. La Neuvaine de Cythère, avec notice par
Charles Monselet, illustrée du portrait de l'auteur et de 9 jolies
vignettes de Fesquet. *Paris, Barraud*, 1879. In-8, demi-rel.
maroq. vert, dos orné, tête dorée, non rogné.

> Tiré à 325 exemplaires sur grand papier vélin (N° 252).

430. Martin (H.). Histoire de France populaire, depuis les
temps les plus reculés jusqu'à nos jours. Illustrée de 1,725
gravures. *Paris, Furne, Jouvet, s. date* (1880). Sept vol. in-4,
reliés dos basane.

431. **Marx** (Roger). Etudes sur l'Ecole Française. P*aris. Gazette des Beaux-Arts.* 1903. Grand in-8, demi-rel. chagr. rouge, dos orné, tr. jaspées, couv. cons.

> Ouvrage illustré d'une centaine de gravures, dont six gravures originales, 12 gravures au burin, 9 héliogravures et 11 photogravures hors texte.

432. **Mary Lafon.** Rome Ancienne et Moderne. 24 vignettes sur acier, 1 grande vue de Rome et 1 plan. P*aris, Furne,* 1854, Grand in-8, demi-rel. chagr. brun, plats toile, tranches dorées.

433. **Mary Lafon.** Les Aventures du Chevalier Jaufre et de la Belle Brunissende, traduites par Mary Lafon, illustrées de 20 belles gravures dessinées par Gust. Doré. P*aris, Libr. nouvelle,* 1856. Gr. in-8, demi-rel. chagr. vert, dos orné, plats toile, tr. dorées. P*remier tirage.*

434. **Mary Lafon.** La Dame de Bourbon. Dessins de Ed. Morin, gravés par H. Linton. P*aris, Libr. nouvelle,* 1860. In-8, demi-rel. veau fauve, dos orné, tranches peigne.

435. **Maupassant** (Guy de). Clair de Lune, illustrations par Arcos, Roy. P*aris, Monnier,* 1884. In-8 broché, non rogné, couvert. illustrée cons. *1*re *édition illustrée.*

436. **Maupassant** (Guy de). Pierre et Jean, illustré par Ernest Duez et Albert Lynch. P*aris, Boussod et Valadon,* 1888. In-4, dos et coins maroq. vert, dos orné, tête dorée, non rogné, couv. cons.

> On a ajouté le prospectus illustré de publication et 1 portrait de Maupassant, gravé par Nargeot, sur Hollande, avant la lettre.

437. **Maupassant** (Guy de). Œuvres complètes. Illustrées par les meilleurs artistes. P*aris, Ollendorff.* En 28 vol. gr. in-18, brochés, non rognés, couv. ill. (2 des vol. sont reliés demi-veau fauve, dos orné, tr. jasp.)

438. **Mérimée** (P.). Carmen. P*aris, C. Lévy,* 1884. Petit in-8, dos et coins maroq. bleu, dos orné, tête dorée, non rogné, couvert. cons.

> Edition tirée à 225 exemplaires sur papier vélin, *pour l'Editeur Conquet,* avec 1 frontispice et vignettes dans le texte dessinés par Arcos, gravés par Nargeot (n° 203).

439. Mérimée (P.). Chronique de Charles IX. Edition ornée de 110 compositions et de 10 eaux-fortes de Toudouze, avec une préface de F. Sarcey. *Paris, Testard*, 1889. Grand in-8, dos et coins maroq. La Vallière, dos orné, tête dorée, non rogné, couv. cons.

> On a ajouté 1 portrait de Mérimée, gravé à l'eau-forte par Desboutin, *avant la lettre*.

440. Meissonnier. Ses Souvenirs, ses Entretiens, précédés d'une étude sur sa vie et son œuvre par M. O. Gréard. *Paris, Hachette*, 1897. Grand in-8, dos et coins maroq. bleu, tête dorée, non rogné, dos orné, couv. cons.

441. Michel (Emile). Rubens. Sa vie, son œuvre et son temps. Ouvrage contenant 354 reproductions directes, d'après les œuvres du maître. *Paris, Hachette*, 1900. Grand in-8. dos et coins maroq. bleu, tête dorée, non rogné, couv. cons.

442. Michel (Emile). Les Chefs-d'œuvre de Rembrandt, édition du tri-centenaire, contenant 45 planches en héliogravure et 30 planches tirées en couleur. *Paris, Hachette*, 1906. In-4, dos et coins chagrin vert, non rogné, dos orné.

443. Michelet (Jules). Thérèse et Marianne. Souvenir de Jeunesse. 11 eaux-fortes originales de Foulquier. *Paris, Conquet*, 1891. In-18, dos et coins maroq. vert, dos orné et mosaïqué, tête dorée, non rogné, couvert. cons. (Champs).

> On a ajouté le prospectus illustré de la publication.
> Tiré à 400 exemplaires sur papier vélin du Marais (n° 307).

444. Millet (J.-F.). Le Livre d'Or de J. F. Millet, par un ancien ami, illustré de dix-sept eaux-fortes originales par Frédéric Jacque. *Paris, Ferroud, et Londres, sans date* (1900). In-4, broché, non rogné, couv.

> Ouvrage tiré à 500 exemplaires sur Hollande teinté (n° 437).

445. Millot. Abrégé de l'Histoire Romaine. Orné de 49 estampes gravées en taille-douce par Tardieu et Chenu, d'après les dessins de Gravelot, Eisen et St-Aubin. *Paris, Nyon*, 1789. In-4, veau porphyre, tr. marbrées, dos orné.

446. Milton. Le Paradis Perdu, traduction de Chateaubriand, précédé de réflexions sur la vie et les écrits de Milton, **par Lamartine,** enrichie de 27 estampes originales gravées au burin sur acier et de 3 portraits de Lamartine, Chateaubriand et de Milton. *Paris, Rigaud,* 1868. In-folio, dos et coins chagr. rouge, dos orné, tête dorée, non rogné. 1er *tirage.*

447. Molière. La Cérémonie du Malade imaginaire, avec une eau-forte de Hillemacher. *Lyon, Perrin,* 1870, une plaquette in-8, brochée, non rogné, couv.

> Tirage à 20 ex. sur chine (N° 1). On a ajouté 1 joli portrait gravé à l'eau-forte, sur chine, par Foulquier, de l'édition Mame, avant la lettre.

448. Molière. Théâtre choisi, avec une notice de Poujoulat. Orné d'un portrait et de 50 eaux-fortes de V. Foulquier. *Tours, Mame,* 1878. Deux vol. grand in-8, dos et coins maroq. rouge, tranches dorées, dos orné.

> On a ajouté en regard du titre du tome II une eau-forte de Leman, pour *L'Etourdi,* et une eau-forte du même pour *L'Ecole des Femmes,* tome Ier.

449. Molière. Psyché, tragédie-ballet, ornée de six planches hors texte et six culs-de-lampe gravés à l'eau-forte par Champollion, et publié sous la direction de M. Em. Bocher. *Paris, Libr. des Bibliophiles,* 1880. In-4, broché, non rogné, couv. *Tirage à* 150 *ex. sur Hollande* (N° 85).

> On a ajouté 1 portrait sur acier, par Geoffroy, avant la lettre.

450. Molière. Œuvres complètes. Nouvelle édition, accompagnée de notes tirées de tous les commentateurs, avec des remarques nouvelles par Félix Lemaître, précédée de la vie de Molière par Voltaire, etc. Ornée de vignettes gravées sur acier d'après G. Staal. *Paris, Garnier, s. date.* Grand in-8, dos et coins chagr. rouge, tête dorée, dos orné, non rogné.

451. MOLIÈRE. Œuvres Complètes, revues sur les textes originaux, par Adolphe Régnier, *Paris, Imprimerie Nationale,* 1878. Cinq volumes in-4, dem. rel., dos et coins maroq. La Vallière, dos plats ornés en long et mosaïqués, tête dorée, non rogné, couvertures conservées.

> **Tout le texte et les gravures sont montés sur onglets.**

TRES BEL EXEMPLAIRE dans lequel on a placé :

La suite de 36 figures, dessinées et gravées à l'eau-forte par Edmond Hédouin, sur papier du Marais ;

La suite de 32 figures, dessinées par Louis Leloir, gravées à l'eau-forte par Flameng, sur papier vergé ;

La suite de 34 figures, dessinées et gravées à l'eau-forte par A. Lalauze, avant le nom de Molière sur la tablette du portrait, tirage à 100 exemplaires sur papier Whatman (n° 37) ;

La suite de 25 figures, dessinées par Emile Bayard, gravées à l'eau-forte par Teyssonnière, Lalauze, Dupont, tirage à 100 exemplaires sur papier du Japon (n° 27), avec la signature de l'éditeur Damascène Morgand sur chaque épreuve ;

La suite de 36 figures, d'après François Boucher, réduites et gravées à l'eau-forte par T. de Mare, l'un des 300 exemplaires tirés sur Hollande ;

La suite de 31 figures, de Moreau le jeune, gravées sur acier par Bosq, en 1813, pour l'édition Renouard, sur papier de Chine ;

La suite de 34 figures, d'après Moreau, gravées par Baquoy, Duclos, de Ghendt, de Launay, Leveau, Masquelier, Née et Simonet, réimpression moderne des figures de l'édition de 1773, doubles épreuves sur Japon à la sanguine, et sur papier de Chine en noir ;

La suite de 18 figures dessinées et gravées sur acier par Staal, sur papier de Chine, avant la lettre ;

La suite de 50 figures dessinées et gravées à l'eau-forte par Victor Foulquier ; l'un des 100 exemplaires numérotés à la presse, épreuves d'artiste sur papier du Japon (n° 26) ;

Une suite de 24 figures, doubles épreuves de la suite de Foulquier, sur papier de Chine, avant la lettre ;

La suite de 7 figures de Coypel, gravées à l'eau-forte par T. de Mare, épreuves en différents états, en noir et en bistre, sur papier du Japon et de Hollande, avant la lettre, toutes signées par le graveur.

Une suite de 8 figures, dessinées et gravées à l'eau-forte par A. Lalauze, sur papier vergé, avant la lettre. Cette suite ne figure dans aucune édition

Une suite de 20 figures dessinées et gravées à l'eau-forte par Dupont, sur papier du Japon, avant la lettre, hommage et signature de l'artiste sur le portrait ;

Une suite de 6 figures (culs-de-lampe), gravées et dessinées par Champollion, pour Psyché, épreuves en premier état sur papier vergé ;

La suite de 7 portraits, *Les Farceurs de l'Hôtel de Bourgogne* (Comédie-Française), avec gardes indiquant les personnages dans leurs rôles, doubles épreuves en couleur et en noir sur papier Japon ;

Les 26 pièces suivantes :

Une figure tirée du Boileau de l'éditeur Hachette, « La Fontaine rendant visite à Molière », gravée à l'eau-forte par Lerat, sur papier vergé.

Une figure, dessinée et gravée à l'eau-forte par V^{or} Foulquier, épreuve sur vélin, avant la lettre, et destinée aux souscripteurs de la suite sur japon de Foulquier, offerte par l'artiste : « Scapin présentant ses compliments. »

Une figure, dessinée par E. Bayard, gravée à l'eau-forte par Lalauze, épreuve d'artiste avec remarque, sur papier vergé, double épreuve : « Les Fâcheux », de la suite sur Japon d'E. Bayard.

Une figure, dessinée et gravée à l'eau-forte par Lalauze, tirée de Molière, sa femme et sa fille, de A. Houssaye, sur papier vergé.

Une figure, d'après Moreau, gravée par Simonet, pour Psyché, sur papier vergé, épreuve ancienne.

Deux figures, dessinées par Stop, lithographies en couleur, de Martinet : « Le Dépit Amoureux et le Médecin malgré lui. »

Une figure, dessinée par Devéria, gravée sur acier par Pelée : « Le Dépit Amoureux», sur papier de Chine, avant la lettre.

Deux figures, dessinées par G. S. Newton, gravées sur acier par C. Rollo : « Les Fâcheux », sur papier blanc et sur papier de Chine.

Une figure, dessinée par E. P. Stephanoff, gravée sur acier par H. Robinson, sur papier blanc : « Les Fâcheux. »

Cinq figures, dessinées par Desenne et gravées sur acier par Nargeot, Bosq, Devilliers, Ensom et Croutelle, en divers états, dont 1 eau-forte pure, 3 sur papier de Chine et 1 sur papier blanc, le tout avant la lettre, pour Don Juan, l'Ecole des Femmes, Monsieur de Pourceaugnac et les Fourberies de Scapin.

Trois figures, dessinées par T. Johannot, gravées sur acier par Dutillois et Lefèvre, sur papier de Chine, avant la lettre, pour le Tartufe et le Misanthrope.

Trois figures, dessinées par T. Johannot, gravées sur bois par Orrin et Parret, sur papier de Chine, avant la lettre, pour l'Avare et les Femmes Savantes.

Deux figures, desssinées par Jannet Lange, gravées sur bois par Lacoste et Parret, sur papier de Chine. avant la lettre, pour l'Avare et les Femmes Savantes.

Deux photogravures, l'une d'après A. Morlon, pour le Misanthrope, et l'autre le portrait de Blanche Barreta dans le rôle d'Henriette des Femmes Savantes, jolie photogravure de Goupil.

Outre les **13 portraits de Molière** faisant partie des suites précédentes, on a ajouté **50 autres portraits de Molière** :

D'après Coypel, gravé à l'eau-forte par de Mare, sur peau de vélin.

D'après Coypel, gravé à l'eau-forte par de Mare, sur papier de Chine, avant toute lettre (pièce rare).

D'après Coypel, gravé à l'eau-forte par de Mare, sur papier du Japon, eau-forte pure signée par le graveur.

D'après Coypel, gravé par de Mare à l'eau-forte, sur papier du Japon, en bistre, avant la lettre, épreuve signée par le graveur.

D'après Coypel, gravé par Fisquet, sur papier du Japon, avec encadrement et attributs.

D'après Coypel, gravé par de Mare, sur papier du Japon.

D'après Coypel, sans nom du graveur, eau-forte, sur papier du Japon, avant la lettre.

D'après Coypel, gravé par de Mare, sur papier blanc.

D'après Coypel, gravé par Ant. Barati, avec encadrement et légende, sur papier blanc, ancien portrait.

« In questa giostra
Molti vins'io, mes sun me vinse ancora. »

D'après Coypel, gravé par Simonet jeune en 1822, avec une vignette sous le portrait représentant Molière et sa servante, sur papier de Chine, avant la lettre.

D'après Coypel, sans nom de graveur, sur papier blanc, avant la lettre.

D'après Coypel, gravé à l'eau-forte par Ch. Courtry, avec encadrement et attributs, sur papier de Chine, avant la lettre, double épreuve.

D'après Fragonard, gravé par Lignon, double épreuve sur papier de Chine et papier blanc.

D'après Van der Verff, gravé par Geoffroy, sur papier de Chine, avant la lettre.

D'après Desenne, gravé par D. Hue, encadré de petits médaillons représentant diverses comédies, sur papier de Chine, avant la lettre.

D'après Desenne, gravé par A. Adam en 1818, Molière dans le rôle de Georges Dandin, avec attributs, sur papier blanc, avant la lettre, jolie pièce.

D'après Frilly, gravé par Soliman, sur papier de Chine, avant la lettre.

En pied, d'après la statue de Duret, gravé par Gavard, sur papier de Chine.

D'après un tableau du temps, gravé par Oudaille, sur papier blanc.

Portrait dessiné et gravé par Victor Foulquier, sur papier de Chine, avant la lettre.

Lithographie en noir, de Delpech, représentant Molière dans le rôle d'Arnolphe de l'Ecole des Femmes, sur papier blanc.

Portrait, dessiné et gravé par Bracquemont, sur papier de Chine, avant la lettre.

D'après l'original de Bourdon, dessiné et gravé par Cazenave, sur papier de Chine, avant la lettre.

Portrait en pied, dessiné par Friqueti, gravé par Lefèvre, sur papier blanc, jolie pièce.

Portrait en pied, dessiné par Cœuré, gravé par Prud'hon, très jolie pièce en couleur de la Galerie Théâtrale, avec la légende suivante :

Molière : « Messieurs ! nous n'aurons pas l'honneur de vous représenter le Tartufe comme nous l'avions annoncé ; Monsieur le premier président ne veut pas qu'on le joue. »

Photogravure, d'après le buste de Houdon, du Théâtre Français.

Lithographie en noir : Molière à son bureau tenant un livre, sur papier blanc, avant la lettre, jolie pièce.

Portrait dessiné et gravé par Pellet en 1833, double épreuve sur papier de Chine, avant la lettre.

Portrait dessiné et gravé par Chapman, ovale avec 4 masques de comédie au bas du portrait, sur papier blanc.

D'après Chenavard, gravé par Hopwood et Olivier, encadrement fleurs, amours et masques de comédie, sur papier de Chine.

Portrait dessiné et gravé par Hopwood, ovale avec encadrement de fleurs et attribut, sur papier blanc, avant la lettre.

D'après Devéria, gravé par Lignon et Couché sur papier blanc, jolie pièce.

D'après Devéria, **gravé par P. Pelée, avec marges, sur papier de Chine**, avant la lettre.

D'après Devéria, gravé par Bertonnier, sur papier de Chine, avant la lettre.

Portrait dessiné et gravé par A. Lalauze, épreuve d'artiste, avec remarque, sur papier du Japon, jolie pièce.

Portrait dessiné et gravé par A. Lalauze, avec encadrement, sur papier du Japon, avant la lettre, jolie pièce.

D'après Mignard, gravé sur bois par Thyrria, sur papier blanc.

Photogravure, d'après Mignard, belle pièce de Goupil.

D'après Mignard, gravé par Elvaux, ovale, encadré de fleurs, sur papier blanc.

D'après Mignard, dessiné par Desenne, gravé par Migneret, sur papier de Chine.

D'après Tuckerman, belle photographie de Goupil : « Molière assis dans un salon. »

D'après Desenne, gravé par Ichotte, dans un ovale avec encadrement, sur papier de Chine (0^{m}04 sur 0^{m}03).

Portrait dessiné par Desenne, sur papier de Chine, avant la lettre (0^{m}04 sur 0^{m}03).

Portrait dessiné par Desenne, ovale sans encadrement, sur papier blanc (0^{m}06 sur 0^{m}05).

Portrait dessiné et gravé par A. Adam, ovale avec encadrement, sur papier blanc (0^{m}08 sur 0^{m}055).

D'après Lafitte, gravé par Poncé, avec encadrement, scène de comédie dans un cartouche en bas du portrait, sur papier de Chine.

Portrait dessiné et gravé sur bois par Girardet, d'après le buste de la Comédie-Française, sur papier blanc.

On a ajouté également, à la fin du 5me et dernier volume, les couvertures, titres et tables des matières des suites de Edmond Hédouin, Adolphe Lalauze, Emile Bayard, Victor Foulquier, François Boucher et Coypel.

Deux Lettres de l'éditeur Damascène Morgand concernant la publication des suites de Edmond Hédouin et Emile Bayard.

Soit en tout 422 figures et 63 portraits de Molière. Au total : 485 pièces, dont une bonne partie très rares.

Ce magnifique exemplaire a coûté près de 4,000 à établir.

452. Molière. Œuvres complètes, avec notes et *Chronologie Moliéresque*, par Auguste Vitu et G. Monval. Dessins et portraits de Louis Leloir, gravés par Champollion. *Paris, Jouaust*, 1890-1897. 31 vol. in-16, brochés, non rognés, couv.

Collection tirée à 400 ex. seulement, sur papier vergé. Reproduction fac-simile des premières éditions des pièces de Molière, telles qu'elles furent imprimées de son vivant.

453. MOLIÈRE. Suites de gravures pour illustrer les Œuvres. En feuilles et de formats divers.

1° Album de la collection des grands écrivains. *Paris, Hachette,* 1895. In-8, en feuilles, dans la couv. *Complet.*

2° Illustrations pour le Théâtre, de Molière, dessinées et gravées à l'eau-forte par Edmond Hédouin. *Paris, Damascène-Morgand,* 1888. In-4, en feuilles, dans la couv. *Suite P, complète.*

3° Édition d'Aimé Martin. *Paris, Lefèvre,* 1824-25. Gravures d'après Desenne.

17 eaux-fortes pures, sur blanc.
17 avant lettre, sur blanc.
10 avant lettre, sur chine.
18 avec lettre, sur blanc.
1 portrait, avant lettre, sur chine.
1 portrait, avant lettre, sur blanc.
Toutes ces pièces en états divers.

4° 54 pièces diverses, en feuilles, formats divers, avant la lettre ou avec la lettre, sur blanc et sur chine. *Portraits et vignettes anciens ou modernes.*

454. **Monnier** (Henri). Les Bas-Fonds de la Société. Édition miniature, frontispice à l'eau-forte. *Londres, sans date.* In-18, reliure percaline rouge, non rogné.

On a ajouté 1 frontispice de Chauvel, gravé à l'eau-forte, en bistre. Édition tirée à 100 ex. seulement, sur papier vergé, et dans laquelle se trouvent les plus fantaisistes productions d'Henri Monnier.

455. **MONNIER** (Henry). Scènes populaires, dessinées à la plume par Henry Monnier. *Paris, Dentu,* 1890. In-8 broché, non rogné, couv. (dos cassé). Nombreuses vignettes.

456. **Monnier** (Antoine). Eve et ses incarnations. Sonnets et eaux-fortes, avec préface par Tony Révillon et prologue par Prosper Blanchemin. *Paris, Willem,* 1878. In-8, dos chagr. rouge, plats toile, tr. dorées. Gravures.

Ex. sur vélin, n° 342.

457. **Monnier** (Edouard) Histoires débraillées, par l'auteur de Pommes d'Eve, illustrées par de joyeux artistes. *Paris, Monnier,* 1884. In-8 broché, non rogné, couv. ill.

458. **Monnier** (Edouard). Pommes d'Eve. Douze contes en chemise, par une Jolie Fille. Illustrations de Joseph Roy. *Paris, Monnier,* 1884. In-8, dos et coins maroq. rouge, dos orné, tête dorée, non rogné, couvert. ill. cons.

On a ajouté une jolie gravure au burin, avant la lettre, d'après Greuze.

459. Monselet (Ch.) Curiosités littéraires et bibliographiques. P*aris, Libr. des Bibliophiles*, 1890. In-16, demi-veau fauve, dos orné, tr. jasp.

460. Montalembert (Le comte). Sainte Elisabeth de Hongrie. Avec une préface de Léon Gautier. *Tours, Mame*, 1878. In-4, dos et coins chagr. rouge, dos orné, tête dorée, non rogné. *Nombreuses gravures noires et coloriées.*

461. Montaut (Henry de). Album de la Vie de César, recueil de dessins exécutés ou mis en ordre pour servir d'illustrations à l'Histoire de César et de son temps. P*aris, Librairie du Petit Journal*, 1865. Un vol. in-folio, br., non rogné, couv. (dos cassé).

462. Montesquieu. Le Temple de Gnide, suivi d'Arsace et Isménie. Nouvelle édition avec figures de Eisen et Le Barbier, gravées par Le Mire, préface par O. Uzanne. *Rouen, Lemonnyer*, 1881. Gr. in-8, dos et coins maroq. orange, dos orné, tête dorée, non rogné.

L'un des 600 ex. tirés sur Hollande (n° 530).

463. Moreau (Hégésippe). Le Myosotis. Petits contes et petits vers. Nouvelle édition illustrée de 134 compositions de Robaudi, gravées sur bois par Clément Bellenger. Préface par André Theuriet. P*aris, L. Conquet*, 1893. In-8, dos et coins maroq. lilas, dos orné en long, tête dorée, non rogné, couvert. cons. (Bretault).

Tirage à 350 ex. sur papier vélin du Marais (n° 245).

464. Moreau (Hégésippe). La Souris blanche, conte illustré par Henri Pille. P*aris, Pairault*, 1895. Un vol. in-128, mar. rouge.

Petit vol. microscopique, dimension $0^m038 \times 0^m03$. Jolies vignettes.

465. Moreau (P.-L.). Le Musée d'Art. Galerie des chefs-d'œuvre et Précis de l'Histoire de l'art au XIXe siècle, en France et à l'étranger (1,000 gravures, 58 planches hors texte). P*aris, Larousse, s. date* (1906). 2e série en 1 vol. in-4, en livraisons, **non** rogné.

466. Moreau-Vauthier. Les Portraits de l'Enfant, illustrés de 336 figures et de 20 héliogravures hors texte. P*aris, Hachette*,

1902. Un vol. in-4, demi-rel., dos et coins chagr. rouge, dos
orné, tête dorée, couv. ill.

On a ajouté le prospectus de publication.

467. **Moreau-Vauthier**. Les chefs-d'œuvre des grands maîtres.
60 estampes, notices par Moreau-Vauthier. *Paris, Hachette,*
1903. Un vol. in-folio, dos et coins chagrin vert, tête dorée,
non rogné, dos orné, couv. cons.

468. **Moreau-Vauthier**. Les chefs-d'œuvre des grands maîtres,
nouvelle série. xve au xviiie siècles. 48 planches. *Paris, Hachette,* 1904. Grand in-folio, dos et coins chagr. vert, tête
dorée, non rogné. dos orné.

On a ajouté le prospectus de la publication et la couverture de la
1re livraison.

469. **Moreau-Vauthier** (Ch.). Les chefs-d'œuvre des grands
maîtres. Nouvelle série, 1800 à 1900. 60 planches. *Paris,
Hachette, sans date* (1908). In-folio, demi-rel. chagr. vert, dos
orné, non rogné. *Les planches montées sur onglets.*

On a ajouté le prospectus de publication et la couverture de la
1re livraison.

470. **Morgand et Fatout**. Catalogues de la Libraire Morgand
et Fatout. De 1876 (origine) à mars 1904 (fin). Portraits,
figures et chromos. Répertoire méthodique. Treize volumes
in-8 brochés en fascicules (1 vol. relié).

Collection complète avec tous les titres des volumes et tous les
index.

471. **MOUREAU** (Adrien). Les Saint-Aubin. 119 illustrations
dans le texte et 3 hors texte. *Paris, Librairie de l'Art, s. d.*
In-4, rel. demi-chagr. vert, dos orné, non rog., couv. cons.

On a ajouté une très belle *suite ancienne* de 1 titre et 7 gravures :
« *Mes gens ou les commissionnaires ultramontains au service de qui
veut les payer »,* d'après Saint-Aubin, gravées par J. B. Tillard.
(A. Paris, chez Basan), *avant la légende.*

472. **Moureau** (Adrien). Les Moreau. Ouvrage accompagné
de 105 gravures dans le texte et 2 gravures hors texte. *Paris,
Libr. de l'Art, s. date.* Petit in-4, dem. rel. chagr. vert, dos
orné, non rogné, couv. cons.

On a ajouté 1 belle épreuve ancienne de Moreau, « Les Précautions », sans marges, et un très joli portrait en sanguine, de Moreau le jeune, sur japon, avant la lettre.

473. Muller (Eugène). La Mionette. 28 compositions de O. Cortazzo, gravées à l'eau-forte par Abot et Clapès. *Paris, Conquet,* 1885. In-12, dos et coins maroq. bleu, tête dorée, non rogné, dos orné, couvert. cons. (Pagnant).

Tirage à 850 ex. sur vélin du Marais (n° 475).

474. Muller (E.). Les Femmes, d'après les auteurs Français. Avec quinze portraits de femmes célèbres, gravés au burin, d'après Staal. *Paris, Garnier,* sans date. Gr. in-8, dos chagr. vert, plats toile, tr. dorées.

475. Muntz (Eugène). Léonard de Vinci. L'Artiste, le Savant et le Penseur. Ouvrage contenant 238 reproductions dans le texte, 20 planches en taille-douce et 28 planches en couleur ou en noir, d'après les œuvres du maître. *Paris, Hachette,* 1899. In-4, dos et coins maroq. orange, tête dorée, non rogné, couv. cons.

476. Muntz (Eug.). Le Musée d'Art. Galerie des chefs-d'œuvre et Précis de l'histoire de l'art, depuis les origines jusqu'au 19° siècle. 900 gravures et 50 planches hors texte. *Paris, Larousse* (1903). In-4, en feuilles.

477. Musée. Héro et Léandre. Dessins de Pfnor, gravures de Méaulle. Notices par A. Pons. *Paris, Quantin,* 1879. In-18, demi-chag. rouge, dos orné, tr. jasp. *De la petite collection antique.*

478. Musée ou Magasin comique de Philipon, contenant près de 800 dessins par MM. Cham de N.., Daumier, Gavarni, Grandville, Lami, etc. Texte par MM. Bourget, P. Borel, Cham, etc. *Paris, Aubert, sans date* (1842). Deux vol. in-4 reliés en un seul, dos chagr. bleu, dos orné, tr. jaspées. *Bel exemplaire.*

479. Musset (Alfred de). G*** ou deux nuits d'excès, par Alcide, baron de M***. Avec 3 figures libres. *Londres, chez le concierge du Pigs-Club, sans date.* In-32, dem. rel. chagr. rouge.

Edition minuscule tirée à 104 ex. sur Hollande.

480. Musset (Alfred de). Nouvelles. Avec 1 portrait et 15 compositions de Fr. Flameng et O. Cortazzo, gravés à l'eauforte par Mordant et Lucas. *Paris, Conquet*, 1887. In-8, dos et coins maroq. violet, dos orné et mosaïqué, tête dorée, non rogné, couvert. cons.

> Ex. sur papier vélin, n° 298.
>
> On a ajouté 1 composition, refusée, pour Emmeline, dessinée par Flameng et gravée à l'eau-forte par Mordant, et 3 vignettes de Bida, gravées sur acier par Nargeot, de l'édition Charpentier.

481. Musset (Paul de). Le Dernier Abbé, illustré de 19 compositions par Ad. Lalauze, préface d'Anatole France. *Paris, Ferroud*, 1891. In-8, dos et coin chagr. vert, dos orné et mosaïqué, tête dorée, non rogné, couvert. cons.

> Exemplaire sur vélin d'Arches (n° 372).

482. Musset (Alfred de). La Mouche, illustrée de 30 compositions par Lalauze, préface de Philippe Gille. *Paris, Ferroud*, 1892. In-8, dos et coins maroq. La Vallière, dos orné et mosaïqué, tête dorée, non rogné, couvert. cons.

> Exemplaire sur papier vélin d'Arches (n° 407).
>
> On a ajouté : 1 portrait d'Alfred de Musset, sur chine volant, avant la lettre, et une vignette de Bida.

483. Musset (Alfred de). La Confession d'un Enfant du Siècle. Avec 10 compositions de P. Jazet, gravées à l'eau-forte par E. Abot, *Paris, Quantin*, 1896. In-8, dos et coins chagr. violet, dos orné, tête dorée, non rogné, couvert. cons.

> On a ajouté : 1 frontispice de Verrassat, une vignette de Laguillermie, 2 vignettes de Bida, de l'édition Charpentier, 2 jolis portraits, avant la lettre, l'un sur chine volant et l'autre sur vélin du Marais. Exemplaire sur Hollande (n° 44).

484. Musset (Paul de). Voyage pittoresque en Italie, parties septentrionale et méridionale, et en Sicile. Illustrations en noir et en couleur par MM. Rouargues frères. *Paris, Belin et Morizot*, 1855-1865. Deux vol. grand in-8, dem. rel. chagr. rouge (plats toile, tranches dorées, pour la partie méridionale), et dem. rel. chagr. rouge, tranches jaspées (pour la partie septentrionale).

485. Nadaud (Gustave). Une Idylle. Avec 11 planches hors texte, d'après les dessins de Albert Aublet. *Paris, Jouaust*,

1883. Petit in-4, dem. rel., maroq. vert, dos plat orné en long,
tr. jasp., couv. ill.

486. Napoléon. La République, le Consulat, l'Empire, Sainte-
Hélène. D'après les sculpteurs et les graveurs. 80 grandes
planches et 500 gravures. P*aris, Hachette, s. d.* (1895). In-4,
oblong, en feuilles, non rogné.

487. Napoléon III et Duruy. Histoire de Jules César. P*aris,
Imprimerie Impériale,* 1865-1866. Deux volumes grand in-4,
br., non rognés, couv.

> Ouvrage accompagné d'un portrait gravé au burin par Salmon,
> d'après Ingres, et de 36 cartes et plans en couleurs de Jacobs, gravés
> par Erhard.
> On a ajouté une gravure gravée sur acier par Lecomte, d'après
> Drouais : « Marius à Minturnes ».
> 1 portrait de Napoléon Bonaparte, lithographie avec autographe,
> par Desmaisons, en 1848.
> 1 jolie lithographie en couleur, de Goupil, représentant Napo-
> léon III en costume de général de Division, 1856.

488. Napoléon III et Duruy. Histoire de Jules César. P*aris,
Imprimerie Impériale,* 1865. Deux vol. in-folio, dem. rel.
maroq. La Vallière, tr. peigne.

> Ouvrage accompagné d'un portrait gravé et de 36 cartes et plans
> en couleurs.

489. Nerval (Gérard de). Sylvie, souvenirs du Valois. Préface
par L. Halévy. 42 compositions dessinées et gravées à l'eau-
forte par Ed. Rudaux. P*aris, Conquet,* 1886. In-16, chagr.
rose, dos et plats ornés et mosaïqués, gardes chagr. violet,
large dent. et orn. dorés à l'intér., couv. cons. (étui).

> Ex. sur papier vélin (n° 329). On a ajouté le prospectus illustré de
> la publication.

490. Gérard de Nerval. La Main enchantée. Préface de Jules
de Marthold. Illustrée d'un portrait et de 24 compositions par
Marcel Pille, gravées au burin à l'eau-forte par Lesueur et
Manesse. P*aris, Conquet, L. Carteret,* 1901. In-12, dos et
coins chagrin grenat, tête dorée, non rogné, orn. dorés et
mosaïqués en long sur le dos, couv. cons.

> Tiré à 200 ex. sur vélin de cuve.

On a ajouté un joli portait gravé par Le Rat, avant la lettre. et le prospectus illustré de la publication.
Ex-libris Massicot.

491. **Nodier** (Charles). Le Bibliomane. Vingt-quatre compositions de Maurice Leloir, gravées sur bois par F. Noël, préface de R. Vallery-Radot. *Paris, L. Conquet*, 1894. In-16, dos et coins maroq. rouge, dos orné et mosaïqué, tête dorée, non rogné, couv. coloriée cons.

Tirage à 350 exemplaires sur vélin du Marais (n° 334).
On a ajouté : 1 portrait de Nodier gravé à l'eau-forte par Staal, sur Chine collé, et le prospectus illustré de la publication.

492. **Noël** (Edouard). Une Mélodie de Schubert. Dessins de Georges Cain, gravés par Deville. *Paris, Conquet*, 1888. In-18 demi-rel. bradel, dos et coins maroq. bleu, non rogné, couv. cons.

Tirage à 100 ex. sur vélin du Marais (n° 90).

493. **Nogaret.** Le Fond du Sac, recueil de contes en vers. Orné de vignettes à mi-page de Duplessis-Bertaux. *Rouen, Lemonnyer*, 1879. Deux vol. in-18, dos et coins chagr. orange, dos ornés, tête dorées, non rognés.

494. **Nouval** (A. de). Contes salés. Illustrations de J. Roy. *Paris, Monnier*, 1884. In-8 broché, non rogné, couv. ill. (dos cassé).

495. **Nuits d'épreuves** (Les) des Villageoises allemandes avant le mariage. Dissertation sur un usage singulier. Eau-forte frontispice de J. Chauvet. *Bruxelles, Brancart*, 1883. In-18, demi-rel. veau fauve, dos orné. *Tirage à 485 exemplaires (N° 362)*.

496. **Nuitter.** Le Nouvel Opéra, orné de photographie de Ch. Garnier, 59 gravures sur bois et 4 plans. *Paris, Hachette*, 1895. In-8, dos et coins chagr. bleu, dos orné et mosaïqué, tête dorée, non rogné.

Exemplaire sur chine tiré à 150 ex. (n° 58).

497. **Ohnet** (Georges). Serge Panine. Ouvrage illustré de 10 eaux-fortes de Lalauze. *Paris, Ollendorff*, 1890. In-8, dos et coins maroq. rouge, tête dorée, non rogné, couvert. cons.

498. **Ohnet** (Georges). Le Maître de Forges. Illustré de 10 eaux-fortes de Paul Avril. P*aris, Ollendorff,* 1890. In-8, dos et coins maroq. rouge, tête dorée, non rogné, couv. cons.

499. **Olivier** (Jacques). Alphabet de l'Imperfection et malice des femmes. Revu et corrigé, augmenté d'un «Friand dessert» et de plusieurs histoires pour les courtisans et partisans de la femme mondaine, par Jacques Olivier, licencié aux Lois et en droit canon. Dédié à la plus mauvaise du monde. Illustré de 40 eaux-fortes de Gilbert et de 32 culs-de-lampes de Choffard. P*aris, Barraud,* 1876. Petit in-8, dem. rel. veau fauve, tranches peigne, dos orné, couv. illustrée cons.

Tirage à 500 ex. sur papier vergé (n° 230.)

500. **Papiers secrets** brulés dans l'incendie des Tuileries. Complément... des papiers et correspondance de la famille Impériale. *Bruxelles, Rozez,* 1871. In-16, demi-veau fauve, dos orné, tr. peigne.

501. **Paris illustré** (Revue hebdomadaire). 1re, 2e et 3e séries, du 1er mai 1883 au 30 mars 1890, comprenant 214 numéros, avec titres et tables des matières, planches en noir et en couleur. Onze vol. grand in-folio en numéros. Exemplaire complet.

502. **Parmentier** (A.). Album historique, publié sous la direction de E. Lavisse. Le Moyen-âge, 1 vol. — La fin du Moyen-âge, 14e et 15e siècles. — Les 16e et 17e siécles.— Les 18e et 19e siècles. P*aris, Colin,* 1895-1907 En 4 vol. in-4, demi-rel. chagr. dos orné, non rogné, couv. cons.

Environ 8,000 gravures dans les 4 vol. (du 4e au 19e siècles).

503. **Pascal.** Pensées de Pascal, publiées d'après le texte authentique et le seul vrai plan de l'auteur, avec des notes philosophiques et théologiques et une notice biographique par Victor Rocher. Eaux-fortes de V. Foulquier. *Tours, Mame,* 1872. Grand in-8, dos et coins chagr. rouge, dos orné, tête dorée, non rogné, couv. cons.

504. **Pellassy de l'Ousle.** Histoire du Palais de Compiègne. Chronique du Séjour des Souverains dans ce Palais, écrites d'après les ordres de l'Empereur. P*aris, Imprimerie Impé-*

riale, 1862. Grand in-4, dos et coins chagrin rouge, dos orné, non rogné, tête dorée, couv. conservée.

> Ouvrage illustré de 1 planche en couleur, frontispice, armoiries de Compiègne, 10 plans, deux cartes, 14 gravures hors texte et 55 vignettes dans le texte. On a ajouté : 4 photogravures noires, 2 photogravures aquarellées à la main, 9 belles lithographies de Delpech, Bichebois, Bernard, Engelmann, Casagny, Villeneuve. *Soit au total 42 pièces hors texte et 55 vignettes dans le texte.*

505. **Perrault.** (Ch). Les Contes, dessins par G. Doré, préface par P. J. Stahl. *Paris, J. Hetzel*, 1869. Grand in-4, dos et coins chagr. La Vallière, dos orné, tête dorée, non rogné.

506. **Perret** (Paul). Les Demoiselles de Liré, illustrées en collaboration par Charles Delort et Maurice Leloir. *Paris, Boussod, Valadon, s. date* (1893). In-4, dos et coins maroq. vert, tête dorée, non rogné, couv. cons.

> Ouvrage illustré de 32 planches en photogravure, dont 16 hors texte. Ex-Libris de M. Massicot.

507. **Petite Bibliothèque Charpentier.** 1877-83. Vol. in-32, dos et coins cuir de Russie, tête dorée, non rogné.

> Chacun de ces vol. est orné de 2 vignettes gravées à l'eau-forte.
> **Sandeau** (J.). Mme de la Seiglière.
> **Sandeau** (J.). Le docteur Herbeau. *Portrait à l'eau-forte ajouté.*
> **Horace.** Odes. Trad. de Patin, avec le texte en regard. (Relié veau lisse, dent. intér., tr. dorées.) *Eau-forte de Hédouin ajoutée.*
> **A. Daudet.** Contes choisis.
> **A. Chénier.** Poésies.
> **P. Mérimée.** Colomba.
> **Abbé Prévost.** Manon Lescaut.

508. **Peyre** (Roger). Napoléon Ier et son temps. Histoire militaire, gouvernement intérieur, lettres, sciences et arts. Ouvrage illustré de 13 planches en couleur et 431 gravures et photogravures, d'après les documents de l'époque et les monuments de l'art, et accompagné de 21 cartes ou plans. *Paris, Didot*, 1888. In-4, dos et coins maroq. vert, dos orné de fleurons dorés, couronne impériale et N. couronné, tête dorée, non rogné. *Bel exemplaire du 1er tirage.*

509. **Peyre** (Roger). Les Villes d'Art célèbres. Nîmes, Arles, Orange. Ouvrage orné de 85 gravures. *Paris, Laurens*, 1904. Petit in-4, dem. chagr., dos orné, non rogné, couv. cons.

On a ajouté 16 jolies vues en couleur, lithographies dessinées par Deroy, pour la France en miniature.

510. Pézay (Marquis de). Zélis au Bain, poëme en quatre chants, édition ornée de figures de Eisen. *Paris, Lemonnyer,* 1883. In-8, chagr. gris perle, dos et plats ornés et mosaïqués, doublure chagr. gris, large dentelle, tr. dor., couverture en couleur sur satin gris perle conservée (étui).

Tirage à 200 ex. sur papier du japon, *figures en couleur* (n° 178).

511. Plouvier (Ed.) et Charles Vincent. Les Refrains du Dimanche. 50 chansons illustrées par Gustave Doré. *Paris, Coulon-Pineau, sans date.* In-16, dem. rel. veau fauve, dos orné, tr. peigne.

512. Port-Folio d'Art, contenant 72 planches en noir et en couleur, d'après les peintres célèbres. *Paris, Librairie d'Art, Baschet,* 1904. In-folio, demi-chagr. rouge, dos orné, non rogné. Toutes les planches sont montées sur onglets.

513. Poujoulat. Histoire de Jérusalem. Ouvrage couronné par l'Académie Française. *Paris, Vermot,* 1855. Grand in-8, dem. rel. maroq. vert, plats toile, tranches dorées, dos orné. *Portrait et nombreuses gravures sur acier.*

514. Prévost (l'Abbé). Histoire de Manon Lescaut et du chevalier des Grieux, précédée d'une préface par A. Dumas fils. Edition illustrée du portrait de l'abbé Prévost, de 10 eaux-fortes de Léopold Flameng et d'un portrait de A. Dumas, d'après J. Jacqmart. *Paris, Glady,* 1875. In-8, dos et coins maroq. rouge, dos orné, tête dorée, non rogné, couv. cons.

515. PRÉVOST (l'Abbé). Manon Lescaut, préface de M. de Lescure. 3 Eaux-fortes de Lalauze. Variations et bibliographie. *Paris, Quantin,* 1879. In-8, dos et coins chagr. bleu, dos orné et mosaïqué, tête dorée, non rogné, couv. cons.

On a ajouté 8 vignettes en sanguine de Lefèvre, gravées par Coiny, tirage moderne sur Hollande, très bonnes épreuves.

11 figures et frontispice gravés à l'eau-forte par Chauvel.

1 cul-de-lampe en couleur d'Eisen.

1 cul-de-lampe de Lalauze.

7 photographies, d'après les peintres célèbres, par Goupil.

Soit au total 31 pièces.

516. **PRÉVOST** (l'Abbé). Histoire de Manon Lescaut et du Chevalier des Grieux. préface de Guy de Maupassant, illustrations de Maurice Leloir, 225 vignettes en-têtes de pages avec encadrement et 12 eaux-fortes gravées par Ruet. *Paris, Launette,* 1885. In-4, dos et coins chagr. rouge, dos orné et mosaïqué, tête dorée, non rogné, couv. conservée (étui).

> On a ajouté : 2 eaux-fortes de M. Leloir, gravées par Boulard fils.
> 1 eau-forte sur chine, de Paul Avril, épreuve d'artiste, avant toute lettre.
> 1 portrait et 9 eaux-fortes, d'après Pasquier, gravées sur Whatman, avant toute lettre, par Monziès.
> 1 suite de 1 portrait et 10 eaux-fortes, gravés sur Hollande, par L. Flameng.
> 1 suite de 10 simili-aquarelles sur Hollande, en couleur, d'après L. Royer, tirée à 200 exemplaires (n° 105), avec le titre.
> **Soit en tout 46 pièces hors texte.**

517. **Quatrelles.** Le Chevalier Beau-Temps, préface d'Alex. Dumas fils, vignettes de Gustave Doré. *Paris, A. Pougin, s. date.* Un volume in-8, cartonnage toile grise, bradel, non rogné (Behrends).

518. **Quatrelles.** Le Chevalier Beau-Temps, préface d'Alex. Dumas fils, vignettes de Gustave Doré. *Paris, Pougin, sans date.* In-8, broché, non rogné, couv. impr.

519. **Rabelais** et l'œuvre de Jules Garnier. Préface d'Armand Silvestre. *Paris, Bernard,* 1897. In-4, dos et coins chagr. citron, dos orné, tête dorée, non rogné. *Le tout monté sur onglets.*

> 160 planches coloriées.

520. **Racine** (Jean). Suite complète de 57 estampes, d'après les dessins de Prudhon, Gérard, Girodet, Chaudet, Sérangeli et Peyron, pour illustrer le Théâtre de Racine (1813). In-folio, demi-rel., monté sur onglets.

521. **RACINE.** Œuvres complètes, édition publiée par L. Aimé Martin, illustrée de 13 gravures sur acier par Prud'hon, Desenne et autres. *Paris, Lefèvre,* 1820. Six vol. in-8, dem. rel. veau fauve, dos orné, tranches peigne.

> On a ajouté : 13 eaux-fortes d'après Gravelot, gravées par Monzies, de l'édition Lemerre.

13 vignettes de Moreau le jeune, gravées par Simonet, de l'édition Renouard, de 1805.

13 vignettes de Le Barbier, gravées par Romanet, Dambrun, etc.

13 vignettes de Staal, gravées par Delaunay, de l'éd. Garnier frères.

13 autres vignettes de Proudhon, Desenne, Gérard, etc.

3 portraits de Martiny, Lalauze et Rajon, gravés à l'eau-forte sur chine volant.

Au total : 81 pièces.

522. Racine. Album de la Collection des Grands Ecrivains. *Paris, Hachette*, 1862. Gr. in-8, dos et coins chagr. rouge, dos orné, tête dorée, non rogné, couv. cons.

On a ajouté : 3 portraits de Racine et 2 planches en couleur.

523. Racine. Théâtre. Orné de 46 compositions de Barrias et 1 portrait gravés à l'eau-forte par V^{or} Foulquier. *Tours, Mame*, 1876. Deux vol. grand in-8, dos et coins chagr. rouge, dos ornés, têtes dorées, non rognés, couv. cons.

On a ajouté : 1 portrait gravé par Sandoz, de l'éd. Hachette.

16 gravures coloriées de Geoffroy, de l'édition Laplace et Sanchez.

524. Regnard. Œuvres. Nouvelle édition précédée d'une introd. d'après des documents entièrement nouveaux, par Ed. Fournier. *Paris, Laplace-Sanchez*, 1876. En 2 vol. in-16, demi-maroq. dos plat orné, tr. jasp., couv. cons.

Edition ornée de 8 gravures coloriées, et à laquelle on a ajouté 7 gravures de Moreau et Marillier, *épreuves anciennes*.

525. Rémusat (Mme de). Lettres de Madame de Rémusat (1804-1814), publiées par son petit fils, Paul de Rémusat, avec un portrait de Mme de Rémusat, gravé par A. Lalauze. *Paris, Lévy*, 1881. 2 vol. in-8, brochés, non rognés, couv.

526. Rémusat (Mme de). Mémoires (1802-1808), publiés par son petit-fils, Paul de Rémusat. *Paris, C. Lévy*, 1881. Trois vol. in-8, dem. rel. veau fauve, dos orné, tr. peigne, couv. cons.

On a ajouté un joli portrait de l'auteur, gravé sur acier.

527. Renan. Vie de Jésus. *Paris, Calmann-Lévy*. — **Paul Bourget.** Ernest Renan, avec portrait et fac-simile d'autographe. *Paris, Quantin*, 1883. Les 2 ouvrages in-16, reliés en 1 vol. demi-veau fauve, dos orné, tr. jasp.

528. RENAN (Ernest). Le Cantique des Cantiques. Avec
25 eaux-fortes de Ed. Hédouin et de E. Boilvin, d'après les
desins de Bida, *Paris, Hachette,* 1886. In-folio, en feuilles'
dans le carton de l'éditeur.

> Exemplaire réservé, papier vélin, imprimé pour M. Alexandre
> Laforce. *Gravures avant la lettre.*

529. Renouard (Paul). Rome pendant la Semaine Sainte, dessins par Paul Renouard. P*aris, Boussod, Valadon et C^{le}, sans
date* (1900). In-4, dos et coins chagr. vert, dos orné, non
rogné.

> On a ajouté : 2 jolis portraits de Pie IX, en petit et grand costumes
> chromolithographies de Lemercier.

530. Réveilhac (Paul). Etapes d'un Mobile parisien. Six compositions de Sahib, gravées à l'eau-forte par Clapès. *Paris,
Marpon et Flammarion,* 1886. In-18, dos maroq. mauve, dos
orné, tête dorée, non rogné, couvert. cons.

531. RÉVOLUTION FRANÇAISE. Collection de brochures
et de vol. sur la Révolution, 1789-95, reliés en 7 vol. in-8,
veau lisse, dos orné, filets dor. sur les plats, tr. rouges (le
dernier vol. est une plaquette en cart. bradel).

> Réunion des brochures les plus rares (*quelques-unes sont introu-
> vables*), mais aussi les plus audacieuses, les plus osées, les plus
> libres, publiées, à l'époque de la Révolution, contre les personnages
> de la Cour (hommes et femmes), et contre les personnalités les plus
> en vue.
>
> *Chaque vol. contient ou des portraits ou des gravures extrême-
> ment recherchés.*
>
> 1ᵉʳ **Volume.** — Crimes et Forfaits de la Noblesse et du Clergé,
> depuis le commencement de la Monarchie jusqu'à nos jours, *avec une
> curieuse vignette.* (*Paris, 148 pages.*)
> Les Mystères de la Mère de Dieu. (*Paris, an III, 98 pages.*)
> Liste de tous les prêtres trouvés en flagrant délit chez les filles
> publiques de Paris, *avec curieuse vignette.* (*Paris, 1790, 48 pages.*)
> Confession générale des Princes du sang (*1789, 60 pages*).
>
> 2ᵐᵉ **Volume.** — Précis de la Vie ou Confession générale du comte
> de Mirabeau, François. **A. Maroc.** *Orné d'un portrait* (62 pages).
> Journal de la maladie et de la mort d'Honoré Gabriel, Victor, Ri-
> quetti Mirabeau, par P. J. G. Cabanis, docteur en médecine et de la
> Société Philosophique de Philadelphie, *à Paris, chez Grabit, rue
> d'Argenteuil, nº 14,1791* (66 pages).
> Vie privée du vicomte de Mirabeau député du Limousin. *A Lon-
> dres 1790.* Portrait (48 pages).

Vie de M. Jean Sylvain Bailly, premier maire de Paris, dédiée et présentée à l'Assemblée Nationale. *A Paris, de l'Imprimerie de la Liberté, de la Vérité et surtout de l'Impartialité, 1790.* Portrait (48 pages).

Vie privée impartiale, politique, militaire et domestique du marquis de La Fayette, général des Bleuets, ornée de son portrait. *Paris, 1790*, (68 pages).

Interrogatoire de M. Marie-Paul-Joseph Roch, Yvres Gilbert de La Fayette, commandant général de la Garde Nationale Parisienne. *Paris, chez Wébert* (48 pages).

Conspiration du Club des Jacobins contre M. de La Fayette (16 pages).

Nouvelle conspiration découverte par M. de Lafayette, mardi 2 mars 1791 (16 pages).

Le Portefeuille de Louis-Philippe d'Orléans, trouvé dans la poche de M. de La Fayette, 1791. Avec une vignette.

Apologie de La Fayette (12 pages).

3ᵐᵉ Volume. — Essai historique sur la vie de Marie Antoinette, reine de France et de Navarre, née archiduchesse d'Autriche, le 2 novembre 1755, orné de son portrait et rédigé sur plusieurs manuscrits de sa main. *L'An de la Liberté française, 1789 (à Versailles, chez la Montensier, Hôtel des Courtisanes)* 146 pages.

Réception du Comte d'Artois chez l'Electeur de Cologne, frère de la reine. *A Bruxelles, de l'Imprimerie de Linguet, 1789* (40 pages).

Pénitence du Comte d'Artois, imposée par le R. P. Dom Jérôme, grand Inquisiteur d'Espagne, pour servir de suite à la Confession (16 pages).

Lettre de la Reine envoyée au Comte d'Artois, avec la réponse du Comte d'Artois à la Reine, par un postillon, dans un petit portefeuille, avec d'autres intrigues que je ferai paraître *(de l'Imprimerie du Valois,* 8 pages.*)*

Soirées Amoureuses du général Mottier et de la Belle Antoinette, par le petit Epagneuil de l'Autrichienne *(à Persépolis, à l'enseigne de l'Astuce et de la Vertu délaissée, 1790,* 32 pages).

Marie-Antoinette dans l'embarras, ou correspondance de La Fayette avec le Roi, la Reine, La Tour du Pin et Saint Priest. Curieuse gravure représentant Marie-Antoinette dans une position indiscrète, serrant un grenadier dans ses bras (48 pages).

4ᵉ Volume. — Liste générale et très exacte des noms, âges, qualités et demeures de tous les conspirateurs qui ont été condamnés à mort par le tribunal révolutionnaire.

Liste générale et très exacte de tous les conspirateurs qui ont été condamnés et guillotinés, fusillés et foudroyés à la bouche du canon, à la Ville affranchie. *Paris, chez Marchand. L'an Deuxième de la République, une, indivisible et impérissable.*

5ᵉ Volume. — Procès criminel de Marie-Antoinette de Lorraine, archiduchesse d'Autriche, née à Vienne le 2 novembre 1755, et veuve de Louis Capet, ci-devant roi des Français. — *Paris, chez Denné, l'an deuxième de la République Française, 1794.* Frontispice représentant l'exécution de Marie-Antoinette (116 pages). *Brochure quasi introuvable.*

Confession et testament de Marie-Antoinette, veuve Capet, précédés de ses dernières réflexions mises au jour par un sans-culotte. *A Paris, chez la citoyenne Lefèvre, rue Percée, l'an deuxième de la République, 1794.* Curieux portrait avec une guillotine (48 pages), 2 brochures.

Eloge funèbre d'Elisabeth-Philippine-Marie-Hélène, sœur du roi Louis XVI, ci-devant roi des Français. *A Paris, chez les marchands de nouveautés* (52 pages).

6ᵉ Volume. — Conjuration de Philippe d'Orléans. Avec une vignette (*1790, 32 pages*).

Non, d'Orléans, tu ne régneras pas (8 pages).

Vie politique et privée de Louis-Joseph de Condé, prince du sang. Avec un portrait. (*Chantilly et Paris, 1790,* 80 pages).

Copie du manifeste attribué à Louis-Joseph de Bourbon, duc de Condé (*1790, 16 pages*).

Vie privée et politique de Louis-François-Joseph de Condé, prince du sang. Un portrait (*Turin, 1790,* 100 pages).

7ᵉ Volume. — Lettre véritable du ci-devant comte d'Artois à Marie-Antoinette, — Confession de Marie-Antoinette, ci-devant reine de France, au Peuple Français, sur ses amours et ses intrigues avec M. de La Fayette, les principaux membres de l'Assemblée Nationale, et sur ses projets de contre-révolution.

532. Reybaud. Jérome Paturot à la recherche de la meilleure des Républiques. *Paris, Michel Lévy,* 1848. Quatre volumes in-16, dem. rel. veau, dos ornés.

533. Richard (Jules). En Campagne, 1ʳᵉ et 2ᵉ séries. Tableaux et dessins de A. de Neuville, Meissonier, Detaille, etc. *Paris, Boussod et Valadon, s. date* (1890). 2 vol. in-folio, toile, dos et plats ornés (rel. de l'éditeur).

534. Richardson (Samuel). Paméla ou la vertu récompensée, traduit de l'Anglais. 3ᵉ Edition, revue et enrichie de 33 figures gravées en taille-douce d'après J. Punt et P. Yver. *Amsterdam, Aux dépends de la Compagnie,* 1744. Quatre vol. in-18, reliés veau, tr. rouge, dos ornés.

535. Rire (Le), 1ʳᵉ et 2ᵉ année. *Paris, Juven,* 1895-1896. Deux vol. in-4, en numéros, non rognés.

536. ROGER-MILÈS (L.). Cent chefs-d'œuvre des Collections françaises et étrangères, préface par Georges Lafenestre. 109 gravures, Poèmes et Proses de L. Roger-Milès. *Paris,*

Georges P*etit*, 1892. In-folio, dos et coins maroq. vert, tête dorée, non rogné, couv. conservée, le tout monté sur onglets.

> L'un des 150 exemplaires sur papier du japon. Les planches avant la lettre.

537. **Roger-Millès** (L.) Le Paysan dans l'œuvre de J.-F. Millet. Ouvrage illustré d'un portrait et de 25 reproductions d'après les chefs-d'œuvre du maître. P*aris*, P*etit et Flammarion*, 1895. In-4, non rogné, relié dans le cart. de l'éditeur.

538. **Roger-Milès** (L.). Art et Nature. Etudes brèves sur quelquelques artistes d'hier et d'aujourd'hui. Avec 35 eaux-fortes, héliogravures et lithographies originales. P*aris, G. Boudet, s. d.* (1897). Un vol. in-4, titre rouge et noir, texte encadré de filets rouges, relié demi-chagr. vert, non rogné, couv. cons.

> Ex. tiré sur papier vélin du Marais, numéroté (n° 236). Planches avant la lettre, légende sur la garde des gravures.

539. **Roger-Milès** (L.). Rosa Bonheur, sa vie, son œuvre. Ouvrage orné de 22 gravures hors texte et de 54 gravures dans le texte. P*aris, Société d'Edition Artistique,* 1900. Petit in-4, dos et coins chagr. rouge, dos orné, tranches dorées, couv. ill. cons.

540. **Rohault de Fleury** (Ch.) L'Evangile. Etudes iconographiques et archéologiques. Illustré de 100 planches gravées. *Tours, Mame,* 1874. Deux vol. in-4, carton. perc. rouge, non rogné, *Cartonn. un peu défraîchi.*

541. **Rome.** Le chef suprême, l'organisation et l'administration centrale de l'Eglise. Portrait en couleur de Léon XIII, 60 planches hors texte, 1.200 gravures dans le texte. P*aris,* P*lon,* 1900. Gr. in-4, dos et coins chagr. rouge, dos orné, tête dorée, non rogné.

542. **Rooses** (Max). Les chefs-d'œuvre de la peinture, 1400 à 1800. Les meilleurs tableaux. Musées et collections particulières de l'Europe, de toutes les écoles. 410 illustrations et 13 pl. en couleurs. P*aris, Flammarion, s. d.* En 12 fasc. in-4, br., non rogné, couv.

543. Roosevelt (Blanche). La vie et les œuvres de Gustave Doré, d'après les souvenirs de sa famille, de ses amis et de l'auteur Blanche Roosevelt. Ouvrage traduit de l'anglais par M. du Seigneux, préface par Arsène Houssaye, très nombreux dessins inédits de G. Doré. *Paris, Libr. illustrée, s. date* (1895). In-8, broché, non rogné, couv. *Gravure ajoutée.*

544. Roselly de Lorgues (comte). Christophe Colomb. Edition illustrée d'encadrements variés à chaque page et de chromolithographies, scènes, paysages, marines, portraits et carte. *Paris, Palmé,* 1879. Gr. in-8, dem. rel. maroq. bleu, plats toile, orn. spéciaux, tr. dorées (rel. de l'éditeur), *1ᵉʳ tirage.*

545. ROUSSEAU (J.-J.). Œuvres complètes. *Paris, Aubrée,* 1832. 17 vol. Histoire de la Vie de J.-J. Rousseau, par Musset-Pathay. *Paris, Dupont,* 1827, 1 vol. Ensemble 18 vol. in-8, dem. rel. chagr. vert, dos orné, tr. jaspées, couv. cons.

 On a ajouté : la suite de 44 vignettes et portraits, avec la lettre, sur blanc, et avant la lettre sur papier de chine, de Devéria.
 La suite de 40 vignettes et portraits de Chasselat, Moreau, Le Barbier et Latour.
 La suite de 13 vignettes et portraits gravés à l'eau-forte par Hédouin (édition Jouaust).
 15 vignettes et 23 portraits de Desenne, Gravelot et autres.
 Soit 145 figures et 34 portraits.
 Au total 179 pièces.

546. Rousseau (J.-J.). Œuvres complètes, avec des notes historiques et une table analytique des matières. Édition ornée de 25 gravures. *Paris, Firmin-Didot,* 1876. En 4 vol. gr. in-8, demi-veau fauve, dos orné, tr. jasp.

 On a ajouté 37 gravures et 1 fac-similé d'autographe.

547. Rousseau (J.-J.). Les Confessions. Nouvelle édition, illustrée de 96 compositions, par Maurice Leloir, gravées à l'eau-forte par les premiers artistes, préface de Jules Claretie. *Paris, Launette,* 1889. Deux vol. in-4, dos et coins maroq. bleu, dos ornés, têtes dorées, non rogné.

 On a ajouté le prospectus de souscription.

548. Roy (Jules). Turenne, sa vie, les institutions militaires de son temps. Illustrations en couleur. *Paris, G. Hurtrel,*

1884. In-4, dem. rel. chagr. rouge, dos orné, tête dorée, non rogné.

549. Sainte-Beuve. Galerie des Femmes célèbres, illustrée de 12 portraits gravés au burin par Goutière, d'après les dessins de Staal. *Paris, Garnier, 1859.* Grand in-8, dem. rel., dos et coins maroq. rouge, tête dorée, non rogné, dos orné. (Petit-Simier).

550. Sainte-Beuve. Nouvelle galerie des Femmes célèbres, illustrée de portraits gravés au burin par Regnault, Massard, Delannoy, etc. *Paris, Garnier, 1882.* Grand in-8, dos et coins chagrin rouge, tête dorée, non rogné, dos orné.

On a ajouté 1 portrait, gravé sur acier, de Madame de La Vallière.

551. Sainte-Beuve. Galerie des Grands Ecrivains français, illustrée de portraits gravés au burin par Goutière, Delannoy, etc. *Paris, Garnier, 1878.* Grand in-8, dos et coins chagrin rouge, tête dorée, non rogné, dos orné.

552. Sainte-Beuve. Nouvelle galerie des Grands Ecrivains français, illustrée de portraits gravés au burin par Massard, Delannoy, etc. *Paris, Garnier, 1878.* Grand in-8, dos et coins chagr. rouge, tête dorée, non rogné, dos orné.

On a ajouté 1 joli portrait de Willehardouin, gravé sur chine, d'après Jacquand, et 1 portrait d'Alfred de Musset, gravé sur acier.

553. Sainte-Beuve. Galerie de portraits historiques, souverains, hommes d'Etat militaires. Illustrée de portraits gravés au burin par Delannoy, etc. *Paris, Garnier, 1883.* Grand in-8, dos et coins chagr. rouge, tête dorée, non rogné, dos orné.

554. Sainte-Beuve. Galerie de portraits littéraires, écrivains politiques et philosophes, tirée des portraits littéraire et des Causeries du Lundi. Illustrée de 14 portraits gravés à l'eauforte par Abot, Burney, Courboin, Jeannin, Manesse, Massard. *Paris, Garnier frères, s. date* (1900). Gr. in-8, dos et coins chagrin rouge, tête dorée, non rogné, dos orné.

555. Saintines (X. B.). La Mythologie du Rhin et les contes de la Mère Grand, illustrés par Gustave Doré. *Paris, Hachette,*

1876. In-8, toile rouge, fers spéciaux, tr. dorées (rel. de l'éditeur).

556. Saintine. Le Chemin des Ecoliers, promenades de Paris à Marly-le-Roi, en suivant les bords du Rhin. 450 vignettes de Gustave Doré. *Paris, Hachette,* 1876. In-8, dos chagr. rouge, plats toile, tranches dorées.

557. Saint-Julien (Charles de'. Voyage pittoresque en Russie, suivi d'un voyage en Sibérie, par M. R. Bourdier. Illustrations de vignettes en noir et en couleur, gravées sur acier par Rouargue, Outwaïth et Kernot. *Paris, Bélin-Leprieur et Morizot, s. date* (1845). Grand in-8, reliure toile, orn. dorés et en couleur sur les dos et les plats, tr. dorées (reliure de l'éditeur).

558. Saint-Pierre (Bernardin de). La Chaumière Indienne, suivie du Café de Surate, publiés par A. Piédaguel. *Paris, Jouaust,* 1875. In-16, dos et coins chagr. bleu, tête dorée, non rogné, dos orné et mosaïqué, 1ᵉʳ plat de la couv. conservé.

> On a ajouté : 1 portrait de Bertonnier, gravé sur acier.
> 4 vignettes de Corboult, gravées sur acier.
> 2 vignettes de Devéria, gravées sur acier, *avant la lettre.*

559. Saint-Pierre (Bernardin de). Paul et Virginie. Préface par J. Janin. Compositions d'Emile Lévy, gravées à l'eau-forte par Flammeng, dessins de Giacomelli, gravés sur bois par Rouget et Sargent. *Paris, Libr. des Bibliophiles,* 1875. In-18, dos et coins chagrin Lavallière, tête dorée, non rogné. *Collection Bijou.*

560. Saint-Pierre (Bernardin de). Paul et Virginie. Avec notice par Anatole France. Orné d'un portrait gravé à l'eau-forte par Monzies. *Paris, Lemerre,* 1877. In-12, dos et coins chagr. bleu, tête dorée, non rogné, couvert. cons.

> On a ajouté : 2 eaux-fortes de Lalauze, — l'en-tête et le cul-de-lampe de l'éd. Liseux, — et 5 vignettes de Corbould gravées sur acier.

561. Saint-Pierre (Bernardin de). Paul et Virginie, avec préface de Jules Claretie. Trois eaux-fortes de Régamey. Variantes et bibliographie. *Paris, Quantin,* 1878 Petit in-8,

dos et coins chagr. bleu, tête dorée, non rogné, dos orné et
mosaïqué, couv. cons. Texte encadré d'un filet rouge ombré,

> On a ajouté 7 eaux-fortes de Hédouin, de l'édition Lemerre (com-
> pris le portrait).
> **2 vignettes rondes, imprimées en couleur, anciennes et d'un
> beau coloris**, de Dutailly, gravées par Guyot : « *Le portrait donné* »
> *et le « Rocher des adieux ».*

562. Saint-Pierre (Bernardin de). Paul et Virginie. Avec une
introduction par A. Piédagnel, orné de 6 figures et 2 vignettes dessinées et gravées à l'eau-forte par Lalauze. *Paris, Liseux*, 1879. In-16, dos et coins maroq. rouge, tête dorée, non
rogné, dos orné de petits fers, couv.

> *Texte encadré d'un filet vert et rouge.*
> Tirage à 775 ex., l'un des 650 ex. sur Hollande (n° 762).

563. Saint-Pierre (Bernardin de). Paul et Virginie. Illustrations de Maurice Leloir, comprenant 120 compositions sur
bois et 12 planches hors texte, gravées à l'eau-forte par Boulard. *Paris, Launette*, 1887. Gr. in-8, maroq. Hussard, filets
dorés, entrelacs mosaïqués sur dos et sur plats, dentelle intérieure, tête dorée, non rogné, couvert. conservée. (Etui).

> On a ajouté : 1 portrait Guilleminot, gravé par Mauduisson. —
> 1 portrait de Lafitte. — 1 carte et 4 portraits de T. Johannot, sur
> Chine, de l'édition Furne.
> **6 aquarelles originales, sur Japon, par Coïndre.**

564. Saint-Pierre (Bernardin de). Paul et Virginie, suivi de la
Chaumière Indienne. Nouvelle édition, précédée d'une notice sur l'auteur par Sainte-Beuve. Illustrations de de Bar.
Paris, Garnier, s. d. (1890). In-8, dos et coins chagr. vert,
dos orné et mosaïqué, tête doré, non rogné, couvert. cons.

> On a ajouté : 8 portraits sur Chine et une carte de T. Johannot et
> de Meissonnier. Un titre gravé avec portrait de Bernardin-de-Saint-
> Pierre. Un portrait et 3 gravures de Corboult, dont une avant la
> lettre, et 2 photographies de Goupil.

565. Sand (Georges). La Marquise. Illustrations de Beaugnies.
Paris, C. Lévy, 1888, Petit in-8, dos et coins maroq. bleu,
dos orné, tête dorée, non rogné, couv. conservée.

> Tirage à 225 ex. sur papier vélin du Marais, *pour Conquet*, vignet-
> tes dans le texte (n° 146).

566. Sand (Georges). Les Beaux Messieurs de Bois-Doré, illustrations d'Adrien Moreau, gravés sur bois par Braner, Froment et Méaulle. *Paris, Testard*, 1892. Deux vol. grand **in-8,**
dos et coins maroq. marron, dos ornés, têtes dorées, **non**
rognés, couv. cons.

> On a ajouté les 10 eaux-fortes d'A. Moreau, gravées par **Boulard,**
> Géry-Richard et Vion, avec une préface de G. Sarcey et 1 portrait
> de G. Sand, gravé à l'eau-forte.

567. Sandeau (Jules). Madeleine. Dessins de Emile Bayard.
Paris, Hetzel, sans date (1880). In-8, dos chagr. rouge, plats
toile, tr. dorées.

568 Sandeau (Jules). Un Début dans la Magistrature. Portrait
et eaux fortes par Beaugnies. *Paris. C. Lévy*, 1887. Petit in-8,
dos et coins maroq. bleu, dos orné, tête dorée, non rogné,
couvert. cons.

> Tirage à 225 exemplaires sur papier vélin du Marais, *pour Con-*
> *quet*, vignettes dans le texte (n° 79).

569. Le Saphir. Livres des Salons, par L. Golzan, Gonzalès,
E. Deschamps, etc., sous la direction du bibliophile Jacob,
avec 12 gravures anglaises. *Paris, Janet, sans date* (1840).
Grand in-8, dem. rel. maroq. vert, dos plats, orn. dorés en
long, tr. jaspées, couvert. cons.

570. Sarcey (Fr). Comédiens et Comédiennes. 1ʳᵉ série :
Comédie-Française 1 vol. — 2ᵈ série : Théâtres divers. 1 vol.
Notices. Portraits gravés à l'eau-forte par Caucherel et Lalauze. *Paris. Libr. des Bibliophiles*, 1876-84. En 2 vol in-8,
demi-rel. chagr. rouge, dos orné, tête dorée, non rogné, couv.
cons.

571. Schmidt (Ch.-Eug.). Les Villes d'Art célèbres. Cordoue
et Grenade, Séville. Traduit et adapté par Henry Peyre.
Ouvrages ornés de 208 gravures. *Paris, Laurens*, 1906-1907.
Deux vol. petit in-4 réunis en un seul vol., dem. rel. chagr.
vert, dos orné, tr. jaspées, couv. cons.

572. Scholl (Aurélien). Les Fables de La Fontaine filtrées,
par Aurélien Scholl, illustrations de Grivaz. *Paris, Dentu*,
1886. In-8, demi-chagr. vert, dos orné, tr. jasp., couv. ill. cons.

573. Walter Scott. Vie de Napoléon Bonaparte, empereur des Français, précédé d'un Tableau préliminaire de la Révolution Française. *Paris, Gosselin,* 1827. Neuf vol. in-8, dem. rel. veau vert, dos ornés, tr. jasp.

574. Walter Scott. Œuvres. Romans, trad. de Daffry de la Monnoye, Louisy, Robert de Cerisy et Scheffter. Illustrées, sur bois, par les artistes les plus estimés. *Paris, Didot,* 1881-1894. Seize vol. gr. in-8, dem rel. chagr. rouge, dos ornés, non rognés, couv. cons.

> Ivanhoé. — Quentin Durward. — Rob Roy. — Kenilworth. — L'Antiquaire. — Les Puritains d'Écosse. — Guy Mannering. — La Jolie Fille de Perth. — Waverley. — La Prison d'Edimbourg. — Le Monastère. — Redgauntlet. — L'Abbé. — La Fiancée de Lammermoor, suivie du Nain Noir. — Charles le Téméraire. — Woodstock.

575. Scott (Walter). Suite complète de 33 figures, la plupart d'après Alfred et Tony Johannot, 30 titres avec vignettes, 27 cartes gravées, pliées et coloriées, et 13 vues diverses, pour illustrer les *Œuvres complètes.* Édition Furne. In-8, en feuilles.

> Jolie suite de gravures sur acier en premier tirage.

576. Ségur (le comte de). Mémoires ou souvenirs et anecdotes, par le comte de Ségur. *Paris, Esmery,* 1824. Trois vol. in-8, demi-rel. veau, tr. bleues. *Portraits et carte.*

577. SÉVIGNÉ (M\u1d50\u1d49 de). Lettres de Madame de Sévigné, de sa Famille et de ses Amis, recueillies et annotées par M. Monmerqué. *Paris, Hachette,* 1862, quatorze vol. in-8 et 1 album C\u1d52\u207f des grands Ecrivains. — **Lettres inédites,** publiées pour la première fois par M. Capmas. *Paris, Hachette.* 2 vol. in-8. — **Album** contenant une collection de 25 portraits des personnages célèbres du siècle de Louis XIV, dessinés par Devéria, gravés sur acier par divers. *Paris, Lemarchand,* 1829. Ensemble 18 vol. in-8, demi-rel. chagr. rouge, dos orné, tête dorée, non rogné, couvert. cons.

> On a ajouté 209 portraits gravés, *dont bon nombre avant la lettre,* et 1 pl. d'armoiries en couleur. Quelques pièces rares.

578. Sévigné (La marquise de). Lettres choisies, avec une notice par Poujoulat. Eaux-fortes de V\u1d52\u02b3 Foulquier. *Tours,*

Mame, 1871. Grand in-8, dos et coins chagr. rouge, dos orné, tête dorée, non rogné, couv. cons.

On a ajouté 9 portraits divers, dont 1 de Molière et 1 de Colbert, sur chine, et 1 photogravure, portrait en regard du faux-titre.

579. **Shakspeare**. Roméo et Juliette, traduction de Daffry de la Monnoye. Illustrations d'Andriolli, gravures de Huyot. *Paris, Firmin-Didot, sans date*. Gr. in-4, dos et coins maroq. rouge, dos orné, tête dorée, non rogné, 10 *très belles gravures avant la lettre*.

580. **Siècle (un) de Modes Féminines**. 1794-1894, quatre cents toilettes, reproduites en couleur, d'après les documents authentiques. *Paris, Charpentier et E. Fasquelle,* 1894. In-16, demi-rel. veau fauve, couv. cons. 1er tirage.

581. **Sigaux** (J.). Voyage au Pays du Doute, accompli par Fortuné Rampal. *Paris, Dentu,* 1882. In-16, demi-chagrin, dos orné, tr. jasp. *Lettre autographe signée de l'auteur jointe.*

582. **Silvestre** (Armand). Le Nu de Rabelais, d'après Jules Garnier. Illustrations de Japhet. *Paris, Bernard,* 1892. In-8, demi-rel. veau fauve, tr. peigne, couv. illustrée cons., dos orné.

583. **Silvestre** (Armand). Le Nu dans les Métamorphoses d'Ovide, d'après la 1re édition, *Amsterdam MDCCXIII*. 40 planches des grands maîtres du XVIIIe Siècle, reproduites par la phototypie. *Paris, Bernard,* 1894. Deux vol. in-8, demi-rel. veau fauve, dos orné, tr. peigne, couv. illustrées cons. *8o gravures.*

584. **Silvestre** (Albums de). La Chemise à travers les âges. — Les Dessous de la Femme à travers les âges, illustrations de Le Riverend. *Paris, Didier, Méricaut et Bernard,* 1902. Deux Albums in-4, brochés, non rogn., couv. ill.

585. **Simons** (Théodore). L'Espagne, ornée de 335 gravures et planches, par Alexandre Wagner, traduction par Marcel Lemercier. *Paris, Vanier, sans date,* (1884). In-folio, demi-rel. chagrin rouge, dos orné, non rogné, couv. cons. *1er tirage.*

586. **Société des Amis des Livres** (Annuaires de la). Années
1880 (origine) à 1909 inclus. *Paris, imprimés pour les Amis
des Livres.* 29 vol. in-8, brochés, non rognés, couv. (Manque
1908).

587. **Spoll** (E. A.) Les Matinées du Roi de Prusse, avec une
introduction par E. A. Spoll. *Paris, Jouaust*, 1885. In-16,
dem. rel. veau lisse, dos orné, non rogné, couvert. cons.

> On a ajouté 1 portrait de Frédéric II.

588. **Staal-Delaunay.** Mémoires de Madame Staal (Mademoiselle Delaunay). Avec 1 portrait et 30 compositions de C.
Delort, gravées au burin et à l'eau-forte par L. Boisson.
Préface de M. R. Wallery-Radot. *Paris, Conquet*, 1891. In-8,
dos et coins maroq. bleu, dos orné, tête dorée, non rogné,
couv. cons. (Champs).

> Ex. sur papier du Marais (n° 406).
> On a ajouté le prospectus illustré de la souscription et 4 eaux-
> fortes de Lalauze, de l'Ed. Jouaust.

589. **Staël** (Madame de). Œuvres complètes. Avec un portrait
Paris, Didot, 1844. 3 vol grand in-8, reliés en 2 vol., dos
chagr. noir, plats toile.

590. **Stanley** (Henri). A travers le Continent Mystérieux,
traduit par Loreau. Contenant 9 cartes et 150 gravures. *Paris,
Hachette*, 1879. Deux vol. in-8, dos chag. vert, plats toile,
tr. dorées.

591. **Stéphane** (Album de). 85 dessins originaux. *Bruxelles,
Kistemaeckers, s. date* (1898). Trois albums in-4, brochés,
couvert. en couleur.

592. **Sterne** (Laurens). Voyage sentimental en France et en
Italie, traduction nouvelle et notice de Émile Blémont, illustrations de Maurice Leloir, comprenant 220 dessins dans le
texte et 12 grandes compositions hors texte. *Paris, Launette*,
1884. In-4, dos et coins chagr. bleu, dos orné mosaïqué, tête
dorée, non rogné, couvert, ill. cons. (étui).

593. **Stratz** (Le Dr C. H.). La Beauté de la Femme, traduit de
l'allemand par Robert Waltz. Ouvrage orné de 180 illustra-

tions. *Paris, Gaultier, Magnier, s. date* (1903). **Gr. in-8,** cart. percal., dos et plats ornés (rel. de l'éditeur).

594. **Sue** (Eugène). Histoire de la Marine Française. *Paris, Bonnaire,* 1835-1837. Cinq vol. in-8 demi-rel. bas. verte à long grain, dos ornés, tranches peigne. *Nombreuses planches sur acier, cartes et fac-similés.*

595. **Sue** (Eugène). Le Morne-au-Diable. Illustrations en couleur. *Paris. Librairie mondiale, sans date* (1908). In-8, couv. illustrée en couleur, demi-rel. chagr. vert, dos orné, tr. jaspées, couv. cons.

> On a ajouté 1 portrait d'Eugène Süe, d'après Couveley.

596. **Swift** (Jonathan). Voyages de Gulliver. Traduction nouvelle et complète par B. H. Gausseron. Illustrations en couleur de Poirson. *Paris, Quantin, s. date* (1890). Gr. in-8, carton. toile verte et peau de crocodille, ornem. dorés et en couleur sur les plats, dos orné, tête dorée, non rogné, couvert. ill. cons. (rel. de l'éditeur).

597. **Taine** (H.). Voyage aux Pyrénées. Illustré par Gustave Doré. *Paris, Hachette,* 1873. In-8, demi-rel. maroq. rouge, tête dorée, ébarbé.

598. **Tasse** (Le). La Jérusalem délivrée, trad. par Lebrun. 2 portraits-frontispices par Gravelot, 20 vignettes, 2 fleurons, 2 culs-de-lampe. *Paris, Bossange, Masson et Besson,* An III (1795). Deux vol. in-8, dem. rel. veau violet, dos orné, tr. jaspées.

599. **Tasse** (Le). La Jérusalem délivrée, traduit par Lebrun. Portrait par Chasselat et 20 vignettes gravées sur acier, d'après les dessins de Le Barbier. *Paris, Bossange et Masson,* 1814. Deux vol. in-8, dem. rel. chagr., dos orné, tr. jaspées.

600. **Tencin** (Madame de). Mémoires du comte de Comminges. Le siège de Calais. Notice et notes par M. de Lescure. Eaux-fortes de Dubouchet, fac-simile d'autographe. *Paris, Quantin,* 1885. In-8, br., non rogné, couv.

601. **Tennyson** (Alfred). Les Idylles du Roi. (Enide, Viviane, Elaine, Genièvre). Poëmes, traduits de l'Anglais par Francisque Michel. Avec 36 gravures sur acier, d'après les dessins de Gustave Doré. *Paris, Hachette,* 1867-1869, 4 vol. in-folio, cart. toile rouge de l'éditeur, plats et dos ornés, non rogné.

Ex-Libris de Louis Enault. 1ᵉʳ tirage.

602. **Thédenat** (Henry). Les Villes d'Art célèbres Pompéï. Ouvrage orné de 200 gravures et d'un plan. *Paris, Laurens,* 1906. In-4, dem. rel. chagrin vert, dos orné, non rogné, couv. cons.

603. **Theuriet** (André). Sous Bois. Nouvelle Edition illustrée de soixante-dix-huit compositions de H. Giacomelli, gravées sur bois par Berveiller, Froment, Méaulle et Rouget. Préface de Jules Claretie. *Paris, L. Conquet,* 1883. In-8 dos et coins de chagr. brun, tête dorée, non rog., couvert. cons.

Exemplaire sur papier vélin (n° 181).

604. **Theuriet** (André). Les Œillets de Kerlaz, édition originale, illustrée de 4 eaux-fortes de Rudaux, de huit en-têtes et culs-de-lampes de Giacomelli, gravés par de Mare. *Paris, Conquet,* 1885. In-18, chagr. violet, dos et plats dorés et mosaïqués, gardes maroq. rouge, large dent. intérieure, tr. dorées, couvert cons. (Etui).

Ex. sur papier vergé (n° 104).
On a ajouté un portrait de Theuriet, gravé à l'eau-forte par Burney.

605. **Theuriet** (André). La Vie Rustique. Compositions et dessins de Léon Lhermitte, gravés sur bois par C. Bellanger. *Paris, Launette,* 1888. In-4, dem. rel., dos et coins chagr. bleu, dos orné et mosaïqué, tête dorée, non rogné, couv. cons.

On a ajouté 1 portrait et 6 jolis paysages de Chintreuil, gravés à l'eau-forte, et 8 autres vignettes de divers gravées à l'eau-forte et sur acier, tirées sur chine.
Soit 15 pièces ajoutées. 1ᵉʳ tirage.

606. **Theuriet** (André). Le Secret de Gertrude. Illustré de 75 compositions par Emile Adam, 12 eaux-fortes gravées par A. Boulard. *Paris, Launette,* 1890. Gr. in-8, dos et coins chagr. vert, dos orné, tête dorée, non rogné, couv. ill. cons. *Premier tirage.*

607. Theuriet (André). Reine des Bois, illustrée par H. Laurent-Desrousseaux. *Paris, Boussod, Valadon,* 1890. In-4, dos et coins chagr. rouge, tête dorée, non rogné.

36 planches en photogravure, dont 18 hors texte.

608. THIERS (Adolphe). Histoire de la Révolution, du Consulat et de l'Empire. Ornée de 129 belles gravures et portraits gravés sur acier. *Paris, Furne, Lheureux,* 1845-1856. Trente et un volumes in-8, demi-rel. veau fauve, dos ornés, tr. peigne, couv. cons. Et 2 Atlas de cartes gravées sur cuivre, même rel. que les volumes.

On a ajouté : la suite de 350 gravures sur bois, de Philipoteaux, tirées sur papier blanc à 200 exemplaires, — 136 vignettes et portraits gravés sur acier, — 1 joli portrait de Thiers gravé par Staal, sur papier du japon, et 3 cartes.
Au total 619 pièces.
Le placement de toutes les pièces est indiqué à la fin de chaque volume.

609. Thiers. Album de 54 gravures, batailles, portraits, scènes, etc., pièces réunies en dehors de toutes les éditions. Un vol. in-folio, demi-rel. veau fauve, dos orné.

Toutes les planches, lithographies, aciers, eaux-fortes, montées sur onglets.

610. Thiers. Suite de 60 portraits et vignettes pour le Consulat et l'Empire, par **Raffet**, gravés sur acier par Hopwood, Mauduison, Bosselman, Girardet, etc., avec l'explication en regard de chaque planche, publié par Furne. En 1 vol. gr. in-8, demi-rel. chagr., plats toile, tr. dor. *1er tirage*.

611. Thiesse (Léon). Derniers Moments des plus illustres personnages français condamnés à mort pour délits politiques, depuis le commencement de la Monarchie jusqu'à nos jours, avec lettres qu'ils ont écrites dans leurs prisons, recueillies et rédigées d'après les chroniques et journaux du temps, par M. *** (Léon Thiesse). *Paris, Eymery, Baudouin frères,* 1818. In-8, dem. rel. veau fauve, dos orné, tranches jasp.

Jaques de Molay. — Jeanne d'Arc. — Cinq-Mars, Colas, Lally, Louis XVI. — Ch. Corday. — Marie-Antoinette. — C. Desmoulins, duc d'Orléans. — Mme Roland. — Malesherbes. — Pichegru. — La Bédoyère. — Murat, Ney, etc.
On a ajouté 12 portraits gravés et lithographiés.

612. Tillier (Claude). Mon oncle Benjamin, nouvelle édition illustrée d'un portrait-frontispice et de 42 dessins de Sahib, gravés sur bois par Prunaire. *Paris, Conquet,* 1881. 2 vol. in-8, chagr. rouge, filets et ornements dorés sur les dos et plats, large dent. intér., têtes dorées, non rogné, couvert. cons.

Ex. sur papier vélin teinté, numéroté.

613. Timon (Cormenin). Livre des Orateurs Orné de 27 portraits gravés sur acier. *Paris, Pagnerre,* 1842. Gr. in-8, dem. rel. veau fauve, dos orné, tranches peigne.

Exemplaire du premier tirage.

614. Timon (Cormenin). Pamphlets anciens et nouveaux. *Paris, Pagnerre,* 1870. Gr. in-8, dem. rel. veau fauve, dos orné, tr. peigne.

615. Tissot (J. James). La vie de Notre-Seigneur Jésus-Christ. Édition nationale. *Tours, Mame, s. d.* 2 vol. gr. in-4, brochés, non rognés, couv. *Très nombreuses illustrations en couleur et en noir.*

616. Topffer (R.). Premiers Voyages en Zigzag, ou excursion d'un pensionnat en vacances dans les cantons suisses et sur le revers italien des Alpes, illustrés d'après les dessins de l'auteur et ornés de 15 grands dessins par M. Calame. *Paris,* 1855. Gr. in-8, demi chagr. vert, dos orné, plats toile, tr. dorées.

617. Töpffer (R.). Nouveaux Voyages en Zigzag à la Grande Chartreuse, autour du Mont-Blanc, dans la vallée d'Hérens, de Zermatt, au Grimsel, à Gênes et à la Corniche, précédés d'une notice par Sainte-Beuve, illustrés d'après les dessins originaux de Töpffer, par MM. Calame, Girardet, François, Daubigny. *Paris, Garnier,* 1886. Grand in-8, demi chagr. vert, dos orné, plats toile, tr. jasp.

618. Trognon (Auguste). Histoire de France. *Paris, Hachette,* 1863. Cinq vol. in-8, demi-rel. maroq. rouge, dos ornés, tr. jaspées.

On a ajouté 198 gravures sur acier et 2 cartes de l'édition Mame, 1837, et 1 portrait de Colbert.

619. **Uchard** (Mario). Mon Oncle Barbassou. Orné de 40 compositions gravées à l'eau-forte par Paul Avril. *Paris, Lemonnyer*, 1884. Grand in-8, dos et coins maroq. orange, dos orné et mosaïqué, tête dorée, non rogné, couv. cons.

> Ex. sur vélin numéroté.
> On a ajouté une grande **aquarelle originale de Henry Somm**, sur Japon, servant de frontispice.

620. **Uzanne** (Octave). Son Altesse la Femme. Illustrations de H. Gervex, Gonzalès, Lynch, Adrien Moreau, F. Rops, reproduites en taille-douce et en couleur, couverture sur Japon de Fraipont. *Paris, Quantin,* 1885. Gr. in-8, broché, non rogné, couv. illustrée, cartonnage artistique en cuir japonais mordoré, larges rubans de satin imprimés en vieil or.

621. **Uzanne** (Octave). La Française du Siècle. Modes, mœurs et usages. Illustrations à l'aquarelle, de Lynch, gravées à l'eau-forte en couleur par Gaujean. *Paris, Quantin*, 1886. Grand in-8, broché, non rogné, couv. coloriée, dans un emboîtage artistique en cuir japonais mordoré, larges rubans en satin imprimés vieil or.

622. **Uzanne** (Octave). L'Ecole des Faunes. Fantaisies Muliéresques. Contes de la Vingtième Année. Bric-à-Brac de l'Amour. Calendrier de Vénus. Surprises du Cœur. Décorations en camaïeu par Eugène Courboin. Frontispice de D. Vierge, interprété à l'eau-forte par F. Massé. *Paris, Floury*, 1896. Gr. in-8, dem.-rel. chagr. bleu, dos orné, tête dorée, non rogné, couv. cons.

> Exemplaire tiré sur papier vélin satin d'Ecosse (n° 450).

623. **Uzanne** (Octave). Nos amis les Livres, causeries sur la littérature curieuse et la Librairie. *Paris, Quantin,* 1886. Petit in-8, dos et coins maroq. vert, dos orné, tête dorée, non rogné, couvert. cons.

624. **Uzanne** (Octave). La Reliure moderne artistique et fantaisiste. Illustrations de Adeline, Fraipont, etc. *Paris, Rouveyre*, 1887. Gr. in-8, dem.-chagr. grenat, dos orné, tr. jaspées, couv. cons. *Exemplaire numéroté sur papier vélin.*

625. **Uzanne** (Octave). Les Zigzags d'un curieux, causeries sur
l'art des Livres et la littérature d'art. *Paris, Quantin,* 1888.
Petit in-8, dos et coins maroq. vert, dos orné, tête dorée, non
rogné, couvert. cons.

626. **Vacquerie** (Auguste). Tragaldabas. Portrait-frontispice
et 53 planches et figures de Edouard Zier, gravées par F.
Méaulle. P*aris, Chamerot,* 1886. In-4; dos et coins maroq.
Lavallière, non rogné, tête dorée, couv. illustrée cons.

627. **Valois de la Motte**. Mémoires justificatifs de la comtesse
Valois de la Motte, écrits par elle-même, 1789. In-8, demi-
veau, dos orné, tr. jasp.

628. **Vasili** (Comte Paul). La Société de Berlin, — Londres, —
Madrid, — Paris, — Rome, — Saint-Pétersbourg, — Vienne.
P*aris, Nouvelle Revue,* 1887. Huit vol. in-8, br., non rogn.,
couv.

629. **Vauvilliers**. Abrégé de l'Histoire universelle en figures,
ou Recueil d'Estampes représentant les sujets les plus frap-
pants de l'Histoire tant sacrée que profane, ancienne et moderne... par Vauvilliers, dessinés par Monnet et gravés par
P. Duflos le jeune. P*aris, Duflos,* 1785. Deux vol. in-8, dem.
rel. veau fauve, dos ornés, tr. jaspées, *2 titres gravés et 198
planches.*

630. **Vétault** (Alphonse). Charlemagne. Introduction par Léon
Gautier. *Tours, Mame,* 1880. In-4, dos et coins maroq rouge,
dos orné, tête dorée, non rogné. *Nombreuses gravures en
noir et coloriées*

631. **Vicaire** (Georges). Manuel de l'Amateur de Livres du
XIXe siècle (1801 à 1905), préface par Maurice Tourneux.
P*aris, A. Rouquette,* 1894-1908. 19 fascicules in-8, brochés,
non rognés, couv.

632. **Vie Parisienne** (Albums de la). Etudes sur la Toilette.—
Les Femmes d'aujourd'hui. — Fantaisies féminines. —
L'Amour dans tous les temps. — Elégances parisiennes. —
Les coulisses de l'Amour. — L'Amour dans ses meubles. —

Autour de la Femme. *Paris. Bureaux de la Vie Parisienne, sans date.* 8 albums grand in-4, brochés, couv. illustrées.

633. **Villiers de l'Isle-Adam**. L'Annonciateur. 10 compositions de E. Fournier, gravées à l'eau-forte par X. Lesueur. *Paris, Ferroud*, 1905. In-12, chagr. vert, tr. dorées, couvert. cons.

> On a ajouté le prospectus illustré de la souscription.
> Tirage à 350 exemplaires (n° 175) sur papier vélin d'Arches.

633 *bis:* **VILLIERS DE L'ISLE-ADAM** (Comte de) Akēdysseril. *Paris. De Brunhoff*, 1886. In-8, dos et coins de maroq. orange, dos orné et mosaïqué, tête dorée, non rogné, couv. cons. (Caapne).

> Un des exemplaires tiré sur papier japon, numéroté (n° 48).
> L'ouvrage est orné d'un portrait de l'auteur, d'une magnifique eau-forte de F. Rops, en triple état : en sanguine et en bleu, avant la lettre, et en noir avec la lettre, et deux vignettes : dans le texte en noir, et hors texte à la sanguine, avant la lettre.

634. **Vivant-Denon**. Point de Lendemain, conte. *Bruxelles, Brancart*, 1883. In-32, dem. rel. veau fauve, dos orné, couv. *Fronstispice.*

> Exemplaire sur papier vergé anglais (n° 96). On a ajouté une vignette de Lafitte sur chine volant.

635. **Vogt** (Carl). Les Mammifères. Edition française originale. Ouvrage illustré de 40 planches hors texte et de 265 figures, dessinées par Frédéric Specht, et gravées sur bois. *Paris, Masson*, 1884. Gr. in-4, dem. rel. veau fauve, dos orné, tr. peigne.

636. **Vogüé** (Eugène Melchior de). Histoires d'hiver. Avec un frontispice et 10 vignettes dessinés par Sta et Martin, gravés par A. Nargeot. *Paris C. Lévy*, 1885. Petit in-8, dos et coins maroq. bleu, tête dorée, non rogné, dos orné, couv. cons.

> Un des 225 exemp. sur papier vélin du Marais, *tirés pour Conquet*, n° 65, avec les vignettes dans le texte.

637. **Vogüé** (vicomte E. M. de). Le Manteau de Joseph Olénine. Portrait gravé au burin et à l'eau-forte par A. Lamotte. *Paris, Conquet*, 1889. In-16, chagrin vert, tranches dorées, dentelle intérieure, couv. cons.

> L'un des 100 ex. tirés sur papier du Japon (n° 23), avec deux états du portrait, avant et avec la lettre.

638. Vogüé (Eugène Melchior de). Le portrait du Louvre. Illustrations de M. le comte de l'Aigle. *Paris, Launette*, 1889. In-4, dos et coins chagr. bleu, tête dorée, dos orné et mosaïqué, non rogné.

Ex. sur papier vélin (n° 100).

639. Voisenon (l'Abbé de). Les exercices de dévotion de Monsieur Henri Roch avec Madame la duchesse de Condor, eauforte de Léon Ribeaunardi. *Bruxelles, Bran card*, 1883. In-32, dem. rel. veau fauve, dos orné.

Ex. sur papier vergé anglais (n° 96).

640. Voisenon (l'Abbé de). Le Sultan Misapouf et la Princesse Grisemine. Conte galant, précédé d'une préface par Marc Auriol, orné d'une eau-forte par J. Chauvet. *Bruxelles, Aug. Brancart*, 1883. In-18, dem. rel. veau fauve, dos orné, tranches peigne.

On a ajouté 1 joli portrait de Voisenon, de Vigié, gravé par de Launay.

641. VOLTAIRE. Romans. *Paris, Baudouin*, 1829. Deux vol. in-8, demi-rel. chagr. vert, dos orné, tranches jaspées, couv. cons.

On a ajouté : 1 portrait et 11 figures dessinés et gravés à l'eauforte par Laguillermie, sur vergé de Hollande, édition Jouaust.
Une vignette de Moreau le jeune, gravée par Coiny.
Quatre vignettes de Marillier, gravées par Dény et Vital.
Ces 5 dernières gravures sont anciennes.

642. VOLTAIRE. La Henriade. *Paris, Baudoin*, 1829. In-8, demi-rel. chagr. vert, dos orné, tr. jaspées, couv. cons.

On a ajouté : 1 portrait de Henri IV et 4 vignettes de Devéria, eaux-fortes pures sur chine, et 19 portraits de personnages cités dans le poème, gravés sur acier.
Au total : 24 pièces.

643. Voltaire. Candide ou l'Optimisme. Préface de Francisque Sarcey. Illustrations de Adrien Moreau. *Paris, Boudet*, 1893. In-8, dos et coins maroq. mauve, dos orné et mosaïqué, tête dorée, non rogné, couvert. cons.

On y a ajouté les prospectus illustrés de la souscription.
Ex. sur papier à la forme (n° 581).

644. **Voltaire.** Théâtre. Nouvelle édition ornée de portraits en pied. Dessins de M. Geffroy. *Paris, Garnier,* 1896. Gros vol. in-12, dos et coins de chagr. vert, tête dorée, dos orné, non rogné, couv.

> On a ajouté, en plus des 4 grav. coloriées, *28 gravures de Moreau, épreuves anciennes.*

645. **VOLTAIRE.** La Pucelle. Avec des remarques et des notes historiques, scientifiques et littéraires. *Paris, Pigoreau,* 1832. In-8, dos et coins chagr. vert, dos orné en long, tête dorée, non rogné.

> Bel exemplaire de cette jolie édition, orné de *23 belles vignettes* de Desenne, tirées sur Chine monté, auquel on a ajouté : La suite de *26 portraits et vignettes* de Moreau le jeune, dont une en double (Ed. Kehl), tirage moderne, et la suite de *23 portraits et vignettes* de Monsiau, Marillier et Le Barbier, tirage moderne sur chine, remontées sur papier vergé.
> **Au total : 73 pièces.**

646. **Voltaire.** La Pucelle d'Orléans, poème en vingt et un chants, orné de vignettes à mi-page, par Duplessis-Bertaux. *Rouen, Lemonnyer,* 1880. Deux vol. in-16, dos et coins chagr. orange, dos orné, tête dorée, non rogné.

> Portraits, frontispice et 21 vignettes.

647. **VOLTAIRE.** Œuvres complètes. *Paris, Dalibon et Delangle,* 1820-1830. Quatre-vingt-quinze vol. in-8, dem. rel. veau fauve, dos orné, tranches peignes.

> On a ajouté : la suite de Lefèvre (éd⁰ⁿ Didot), 119 portraits et vignettes.
> La suite de Moreau, tirage moderne (éd⁰ⁿ Garnier), 109 portraits et vignettes.
> La suite de Staal (éd⁰ⁿ Garnier), 90 vignettes.
> La suite de Desenne, dont 2 sur chine avant la lettre, 80 portraits et vignettes.
> La suite de Moreau (éd⁰ⁿ Renouard), 163 portraits et vignettes.
> La suite de Gravelot, pour le théâtre, 30 vignettes.
> La suite de Gravelot, pour la Pucelle, 21 vignettes.
> La suite de Monsiau, Marillier et Le Barbier, sur chine collé, pour la Pucelle, 23 portraits et vignettes.
> La suite de Leprince, eaux-fortes pures, pour la Henriade, 10 vignettes.
> La suite de Devéria, pour la Henriade, 8 vignettes.
> Une suite d'eaux-fortes, portraits, cartes, plans, etc., comprenant 339 pièces illustrant toutes les œuvres.
> **AU TOTAL 922 PIÈCES,** bon nombre très rares.

Les portraits de Voltaire sont au nombre de 41. — Le théâtre comprend 144 vignettes. — Poésies, 27 pièces. — La Pucelle, 130 pièces. — La Henriade, 69 pièces. — Essais sur les mœurs, 86 pièces. — Siècle de Louis XIV, 72 pièces. — Siècle de Louis XV, 17 pièces. — Histoire de Charles XII, 18 pièces. — Histoire de Russie, 13 pièces. — Annales de l'Empire, 27 pièces. — Mélanges historiques, 12 pièces. — Romans, 77 pièces. — Correspondance, 152 portraits. — Divers, 37 pièces.

648. Wallon (Henri). Jeanne d'Arc. Edition illustrée, d'après les monuments de l'art, depuis le xv⁰ siècle jusqu'à nos jours. *Paris, Firmin-Didot*, 1877, Grand in-8, maroq. rouge, fers spéciaux sur le dos et sur les plats, tr. dorées. (Reliure de l'éditeur). *Nombreuses planches hors texte en chromolithographie.*

649. Wallon (Henri). Saint-Louis. Orné de nombreuses planches en noir et en couleur. *Tours, Mame*, 1878, In-4, dos et coins maroq. rouge, tête dorée, non rogné.

650. Wright (Thomas). Histoire de la Caricature et du grotesque dans la littérature et dans l'art, traduite par Octave Sachot, précédée d'une notice par Amédée Pichot et illustrée de 238 gravures intercalées dans le texte. *Paris, Garnier, sans date* (1875). In-8, broché, non rogné, couv.

651. Yriarte (Charles). Les Bords de l'Adriatique et le Monténegro. Ouvrage contenant 257 gravures et 7 cartes *Paris, Hachette*, 1878. Grand in-4, dos chagr. rouge, plats toile, dos et plats ornés, tr. dorées (rel. de l'éditeur).

652. Yriarte (Charles). Françoise de Rimini dans la légende et dans l'histoire. Avec vignettes et dessins inédits d'Ingres et d'Ary Scheffer. *Paris, Rothschild*, 1883. In-8, demi-rel. chag. Lavallière, dos orné, non rogné, couv. cons.

Tirage à 500 ex. sur Japon (n° 439).

On a ajouté un portrait du Dante, gravé sur acier, de la collection de la Sorbonne.

653. Zich (Alexandre). Vénus et son cortège. 12 dessins. *Paris, Hinrichsen, sans date* (1895). In-4, en feuilles, dans le cartonnage de l'éditeur.

654. **Zich** (Alexandre). L'Age d'or. 12 compositions nouvelles. Paris, *Henrichsen, sans date* (1895). In-4, en feuilles dans le cartonnage de l'éditeur.

655. **Zola** (Emile). Nouveaux contes à Ninon. Ornés d'un frontispicè et 30 compositions dessinés et gravés à l'eau-forte par Rudeaux. Paris, *Conquet,* 1886. 2 vol. in-8, dos et coins maroq. rose, tête dor., dos orné et mosaïqué, non rog., couv. cons.

> Tirage à 350 ex. sur papier vélin du Marais (n° 155).

656. **ZOLA** (Emile). L'Attaque du Moulin. Compositions de Emile Boutigny, gravées à l'eau-forte et en couleur par Claude Faivre. Paris, *Libr. de la Collection des Dix, A. Romagnol,* 1901. Grand in-8, dos et coins chagr. orange, dos orné et mosaïqué, tête dorée, non rogné, couv. en couleur cons.

> On a ajouté un joli portrait de Zola, gravé à l'eau-forte, *avant la lettre et l'aciérage,* par Desboutin, et le prospectus illustré de la souscription.
> L'un des 175 exemplaires sur papier vélin d'Arches.
> De la collection des Dix.
> Ex-libris de M. Massicot.

657. **Zola** (Emile). Pour une nuit d'Amour. Illustrations de G. Picard. Paris, *Guillaume,* 1896. In-32, reliure chagr. violet, tête dorée, non rogné, couv.

658. **Zola** (Emile). L'œuvre de Zola comprenant :

> Biographie de Zola, par Guy de Maupassant, avec 1 fac-simile d'autographe et 1 portrait gravé à l'eau-forte par Burney. Paris, *Quantin,* 1883, couvert. illustrée.
> Catalogue de la Vente des Livres composant la bibliothèque de feu M. Emile Zola, 1903.
> Catalogue de la Vente des objets d'art et d'ameublement, tapisseries, tableaux, livres, de feu Emile Zola, 1903.
> Six articles de Journaux, dont un de Henri Rochefort, donnant leurs appréciations sur les ventes de livres et d'objets d'art de feu Emile Zola, 1903.
> Le numéro de Journal L'Aurore, du jeudi 13 janvier 1898, contenant la lettre « J'accuse », de E. Zola à Félix Faure, Président de la République, numéro original.
> Trois numéros du Journal de Forain « Psst..! » n° 1ᵉʳ du 5 février 1898 « Ch'accuse...! » et les Nᵒˢ 4 et 6.
> L'œuvre de Zola. 32 simili-aquarelles par H. Lebourgeois. Paris, *Bernard,* 1898. En 2 fascicules, avec leurs couvertures.
> Le tout réuni en un vol. gr. in-8, dem.-rel. maroq. rouge, dos orné, toutes les couv. cons.

CATALOGUES ILLUSTRÉS DE VENTES CÉLÈBRES

Tableaux, Dessins, Aquarelles, Tapisseries, Bronzes, Objets d'Art, Bibelots, etc., soit avec prix marqués, soit accompagnés de numéros du Journal des Arts relatant les prix et les totaux obtenus. Reliés ou brochés.

1. **Catalogue** de Tableaux Modernes, de la collection **Bing**, vente du 17 mai 1900. 18 planches en héliogravure. *Paris*, 1900. In-folio, broché, non rogné, couv.

On a ajouté un numéro du Journal des Arts donnant les prix d'adjudication s'élevant à 106,450 fr.

2. **Catalogue** de Tableaux Modernes composant la collection de M. le baron Blanquet de Fulde. Vente du 12 mars 1900. 24 planches en photo-aquatinte. *Paris*, 1900. In-4, broché, non rogné. couv. cons.

On a ajouté un numéro du Journal des Arts indiquant les prix d'adjudication s'élevant à 282,121 francs.

3. **Catalogue** de tableaux composant la collection de M. E. Blot. Vente des 9 et 10 mai 1900. 35 planches en héliogravure. *Paris*, 1900. Petit in-4, dem. rel. chagr. rouge, plats toile, dos orné, tr. jaspées, couv. cons. Texte et les planches montées sur onglets.

On a ajouté le numéro du Journal des Arts indiquant les prix d'adjudication s'élevant à 214,423 francs.

4. **Catalogue** des Tableaux par **Rosa Bonheur**, dont la vente a eu lieu les 30, 31 mai, 1er et 2 juin 1900. Portrait et 104 héliogravures, d'après le procédé de G. Petit. *Paris*, 1900. 2 vol. gr. in-4, couvertures illustrées de portraits, brochés, non rognés, couv. cons.

On a ajouté Troix numéros du Journal des Arts donnant les prix d'adjudication qui se sont élevés à 1,180,000 francs.

5. **Catalogue** des dessins, tableaux, pastels, aquarelles, gouaches du xviiie siècle, œuvres remarquables de Boilly, Borel, Boucher, Eisen, etc., composant la collection de M. le comte Jacques de Bryas. *Paris*, 1889. 24 planches en héliogravure et en phototypie. In-4, broché, non rogné, couv.

On a ajouté deux numéros du Journal des Arts indiquant tous les prix d'adjudication qui se sont élevés à 657,438 francs.

6. **Catalogue** de Tableaux modernes composant la collection **Coquelin**, vendue en mai 1893, ornée de 21 photogravures d'après le procédé G. Petit. *Paris*, 1893. Un vol. in-4, broché, non rogné, couv. cons.

On a ajouté le numéro du Journal des Arts donnant tous les prix d'adjudication qui se sont élevés à 531,685 francs.

7. **Catalogue** des Tableaux anciens et modernes composant la collection de M. le comte Daupias. 40 planches en photo-aquatinte et en phototypie. *Paris*, 1892. In-4, broché, non rogné, couv. cons.

On a ajouté les numéros du Journal des Arts donnant tous les prix d'adjudication qui se sont élevés à 1,234,160 francs.

8. **Catalogue** de Tableaux, Dessins, Aquarelles, Gouaches, Miniature, composant la collection Defer-Dumesnil. Vente des 10-11 et 12
mai 1900. 13 reproductions en photo-aquatinte. *Paris*, 1900. In-4,
broché, non rogné, couv. cons.

On a ajouté un numéro du Journal des Arts indiquant les prix
d'adjudication s'élevant à 419,801 francs.

9. **Catalogue** des importants Tableaux modernes, aquarelles,
pastels et dessins composant la collection de M. **Victor Desfóssés**.
25 planches en photogravure Goupil. *Paris*, 1899. In-4, broché, non
rogné, couv. cons.

On a ajouté la liste des prix d'adjudication qui se sont élevés à
787,650 francs.

10. **Collection** de M. le comte **Armand Doria**, tableaux modernes,
aquarelles, pastels, dessins, gravures et sculptures. Portrait gravé à
l'eau-forte par Damman, et 50 planches en taille-douce par le procédé
Georges Petit. *Paris*, 1899. En 2 vol. gr. in-4, brochés, couvertures
aux armes en couleurs et en relief, non rogné.

Ex. numéroté sur grand papier vergé (n° 720). On a ajouté 3 numéros du Journal des Arts donnant les prix d'adjudication qui se
sont élevés à 1,129,019 francs.

11. **Catalogue** des Tableaux Anciens et Modernes, composant la
collection de M. Alexandre Dumas, vente des 12 et 13 mai 1892.
15 planches photo-aquatinte. Boussod et Valadon. *Paris*, 1892. In-4,
broché, non rogné, couv. cons.

On a ajouté 1 n° du Journal des Arts indiquant les prix d'adjudication s'élevant à 527,304 francs.

12. **Catalogue** de Tableaux Modernes, Aquarelles, Pastels et Dessins, composant la collection de M**me** **G. Van den Eynde** ; porcelaines
de Chine et du Japon et ameublement. Illustré de 28 planches par le
procédé Georges Petit. Vente des 18 et 19 mai 1897. *Paris*, 1897. Un vol.
in-4, dem. rel. chagr. rouge, dos orné, tête dorée, non rogné, couv.
cons.

On a ajouté 1 n° du Journal des Arts donnant les prix d'adjudication s'élevant à 600,000 francs. Œuvres de Corot, Daubigny, Decamps,
E. Delacroix, Detaille, Ch. Jacque, Diaz, Fromentin, Isabey, Jongkind, Messonier, Millet, Th. Rousseau, Roybet, Stevens, Troyon,
Vollon, etc.

13. **Catalogue** des Tableaux Anciens et Modernes, composant la
collection de M. Eugène Féral, vente des 22, 23 et 24 avril 1901. 16 planches en héliogravure. *Paris*, 1901. In-4, broché, non rogné, couv. cons.

On a ajouté 2 numéros du Journal des Arts indiquant les prix d'adjudication, s'élevant à 266.000 francs.

14. **Catalogue** des Objets d'Art et de haute curiosité de la **Renaissance**. Tableaux, tapisseries, composant la collection de M. Emile
Gavet. 75 planches en phototypie. *Paris*, 1897. Gr. in-4, broché, non
rogné, couv. cons.

On a ajouté 4 numéros du Journal des Arts, donnant les prix d'adjudication qui se sont élevés à 1.000.327 francs.

15. **Catalogue** des Tableaux Modernes, composant l'importante collection de feu M. S. Goldschmidt. 31 planches gravées à l'eau-forte. *Paris*, 1888. In-4, dem. rel. maroq. brun, dos orné, tête dorée, non rogné.

On a ajouté 1 numéro du Journal des Arts, donnant tous les prix d'adjudication qui se sont élevés à 797.570 francs.

16. **Catalogue** de Tableaux modernes et bronzes. Collection Charles G(uasco). Vente du 11 juin 1900, 82 planches en photogravure. *Paris*, 1900. In-4, dem. rel. chagr. rouge, plats toile, dos orné, couv. conservée. Texte et planches sur onglets.

On a ajouté 1 n° du Journal des Arts donnant tous les prix d'adjudication qui se sont élevés à 871.080 francs.

17. **Catalogue** des Tableaux anciens et modernes, dessins anciens et aquarelles modernes, objets d'art et de riche ameublement dépendant de l'importante collection de M. D... de G... (Dreyfus de Gonzalès). Vente 1-2-3-4 et 8 juin 1896. 105 planches en phototypie. *Paris*, 1896. Deux vol. in-folio, brochés, non rognés, couv. *(2 exemplaires)*.

On a ajouté 3 n°° du Journal des Arts donnant tous les prix d'adjudication qui se sont élevés à 1,825,226 francs.

18. **Catalogue** de Tableaux modernes composant la collection de M. C. de Hèle de Bruxelles, vente du 10 mai 1901. 25 reproductions en photo-aquatinte. *Paris*, 1901. In-4, broché, non rogné, couv.

On a ajouté 1 n° du Journal des Arts indiquant les prix d'adjudication s'élevant à 391,250 francs.

19. **Catalogue** de Tableaux anciens et modernes composant l'importante collection de M. Hulot. 28 planches en phototypie d'après le procédé de G. Petit. *Paris*, 1892. Gr. in-4, broché, non rogné, couv.

On a ajouté 2 n°° du Journal des Arts donnant tous les prix d'adjudication qui se sont élevés à 506,140 francs.

20. **Catalogue** de Tableaux, études peintes, aquarelles, dessins, gravures, objets d'art et d'ameublement... composant l'atelier **Charles Jacques.** *Paris*, 1894. Grand In-4, *portrait et 42 planches en héliogravure,* dem. rel. chagrin rouge, dos orné, tête jasp. non rogné. couv. cons.

On a ajouté 2 n°° du Journal des Arts donnant les prix d'adjudication qui a eu lieu les 12, 13, 14 et 15 novembre 1894 et dont le total s'élève à 391,364 francs.

21. **Catalogue** de Tableaux et aquarelles, par **J. B. Jongkind,** vente du 28 avril 1899. 16 planches en photo-aquatinte. *Paris*, 1899. Un vol. gr. in-8, broché, non rogné, couv. cons.

On a ajouté 1 n° du Journal des Arts indiquant les prix d'adjudication, s'élevant à 102,490 francs.

22. **La Bédoyère (Le Comte H. de).** Description historique et bibliographique de la collection de M. le comte H. de La Bédoyère, sur la **Révolution Française, l'Empire** et la **Restauration,** rédigée par **France.** *Paris, France,* 1862. In-8, dem. rel. chagr. vert, dos orné, non rogné.

23. **Catalogue** des Tableaux anciens, dessins, aquarelles, pastels, gouaches de l'École française du xviii* siècle, objets d'art et d'ameublement de la collection de M. Henri Lacroix, vente des 18, 19, 20, 21, 22 et 23 mars 1901. 12 planches en phototypie. *Paris*, 1901. In-4 broché, non rogné, couv.

On a ajouté 3 n° du Journal des Arts donnant les prix d'adjudication, s'élevant à 282,000 francs.

24. **Catalogue** des Tableaux anciens et modernes, sculptures, composant la collection de feu M. Lefebvre de Roubaix, vente du 4 mai 1896. 12 planches en phototypie. *Paris*, 1896. In-4, br., non rogné, couv. cons.

On a ajouté le Journal des Arts indiquant les prix d'adjudication, s'élevant à 321,180 francs.

25. **Catalogue** de Tableaux, aquarelles, par Evariste Luminais, vente des 25 et 26 mai 1898. 7 planches en photo-aquatinte. *Paris*, 1898. In-4, broché. non rogné, couv.

On a ajouté le Journal des Arts indiquant les prix d'adjudication, s'élevant à 49,675 francs.

26. **Catalogue** des Tableaux, aquarelles, dessins anciens et modernes composant la collection de M. A. Marmontel. Vente des 28 et 29 mars 1898. 21 planches en photogravures. *Paris*, 1898. In-4, broché, non rogné, couv. cons.

On a ajouté le n° du Journal des Arts, donnant les prix d'adjudication s'élevant à 440.340 francs.

27. **Catalogue** des joyaux, collier de perles, parures en perles, brillants anciens, pierres de couleur, horloges, ayant appartenu à S. A. I. madame la princesse Mathilde, et dont la vente a eu lieu du jeudi 26 mai au samedi 7 juin 1904, avec 13 planches en photogravure reproduisant les principales parures. *Paris*, 1904. In-4 broché, non rogné, couv. impr.

On y a ajouté le Journal des Arts donnant tous les prix d'adjudication qui se sont élevés à 3.181.841 francs.

28. **Catalogue** de deux importants dessins par J. M. Moreau le jeune, de la série du Monument du Costume, vente le 22 avril 1899. *Paris*, 1899. 2 planches en photo-aquatinte et un joli titre gravé. In-4, broché, non rogné, couv.

On a ajouté 1 n° du journal des Arts indiquant les prix d'adjudication, s'élevant à 43.500 francs.

29. **Catalogue** des Tableaux modernes provenant de la collection Moreau-Nélaton. Vente des 11, 12, 14 et 15 mai 1900. 32 planches d'après les procédés G. Petit. *Paris*, 1900. In-4, broché, non rogné, couv. cons.

On a ajouté 3 n° du Journal des Arts donnant les prix d'adjudication s'élevant à 600.700 francs.

30. **Catalogue** de Tableaux, tapisseries, faïences, bronzes, ivoires, etc., de la collection du marquis Pallavicino-Grimaldi. Vente du 29 novembre au 2 décembre 1899. 4 reproductions en phototypie dans le texte et 26 planches hors texte contenant 77 reproductions en pho-

totypie. *Rome*, 1899, in-4, couv. ill. de 1 portrait et des armes en couleur des Pallavicino-Grimaldi, broché, non rogné

31. **Catalogue** des Tableaux anciens et modernes des diverses écoles. Vente Pereire, 1872. 49 eaux-fortes. *Paris, Pellet et Petit*, 1872. Gr. in-8, dos et coins maroq. bleu, tête dorée, non rogné, couv. conservée, dos orné de petits fers.
Un des 25 ex. sur papier vergé. Prix d'adjudication indiqués et s'élevant à 1,700,555 francs.

32. **Meissonnier.** Exposition, galeries Georges Petit. *Paris, mars* 1893. Un vol. in-4°, dem. rel., dos et coin chagr. rouge, tête dorée, non rogné, couv. cons., dos orné. 61 eaux-fortes hors texte montées sur onglets, ainsi que le texte.

33. **Catalogue de Dessins** anciens du 18° siècle : Boucher, Fragonard, Gravelot, St-Aubin, Cochin, Eisen, etc., et dessins modernes de Dagnan, Delacroix, Meissonnier, etc., formant la collection de M. le baron **R. P.** (**Roger Portalis**), vente du 14 mars 1887. Un frontispice et 7 planches gravés à l'eau-forte. *Paris*, 1887, un vol. in-4°, reliure toile grise, non rogné, couv. cons. (Lemardelé).
On a ajouté un numéro du *Journal des Arts* donnant les prix d'adjudication s'élevant à 21,112 francs.

34. **Catalogue** de Tableaux modernes de la collection **Rœderer**, du Havre, 27 planches en photo-aquatinte d'après Corot, Daubigny, Diaz, Millet, Rousseau et Troyon, etc. *Paris*, 1891. Un vol. in-4°, dem. chagrin rouge, plats toiles, tranches jaspées, dos orné, couv. conservée. Texte et planches montés sur onglets.
On a ajouté deux numéros du *Figaro*, l'un du 2 juin 1891 (Courrier de Paris), traitant de la collection Rœderer, par Albert Wolff, et l'autre, du 6 juin 1891, donnant le compte rendu de la vente.
Les prix d'adjudication, inscrits en regard de chaque numéro, se sont élevés à 1,021,000 francs pour 40 numéros.

35. **Catalogue** de tableaux anciens et modernes, aquarelles, dessins et objets d'art, provenant de la célèbre collection Secrétan. 125 planches en photo-aquatinte et 17 planches en phototypie. *Paris*, 1889. 3 vol. in-folio, reliés en 2 vol., dos et coins chagr. rouge, tête dorée, non rogné, dos orné, couv. cons. *Texte et planches sur onglets.*
On a ajouté 2 n°° du Journal des Arts, donnant les prix d'adjudication, qui se sont élevés à 6,740,338 francs.

36. **Catalogue** de Tableaux, Aquarelles, Pastels, Dessins, composant la collection de M. Ad. Tavernier. Illustré de 30 planches en photo-aquatinte. Vente du 6 mars 1900. *Paris*, 1900. In-4, broché, non rogné, couv.
On a ajouté 1 n° du Journal des Arts indiquant les prix d'adjudication, s'élevant à 422,627 francs.

37. **Catalogue** de Tableaux anciens et modernes, composant la galerie **Wilson**, dont la vente a eu lieu les 14 et 15 mars 1881, *illustré de 60 belles eaux-fortes gravées par Hédouin, Lalauze, etc.*, avec une désignation indiquant les prix d'adjudication pour chaque n°.

Le total de la vente a donné 2,032,425 francs. *Paris*, 1881. Un vol. in-4, demi-rel., dos et coins chagr. rouge, tête dorée, non rogné, dos orné.

38. **Catalogue** des Objets d'art et d'ameublement des XVI, XVII et XVIII° Siècles. Faïences, porcelaines, tapisseries, de la collection de M°° d'Yvon, 27 planches en phototypie. *Paris*, 1892. In-folio, broché, non rogné, couv.

On a ajouté 3 n°° du Journal des Arts, indiquant les prix d'adjudication qui se sont élevés à 1,380,149 francs.

39. **Catalogue** de Tableaux composant la collection de M. Z..., de Marseille, illustré de 31 planches par le procédé Georges Petit. Vente du 7 mai 1901. *Paris*, 1901. In-4° broché, non rogné, couv.

On a ajouté 1 n° du Journal des Arts, donnant les prix d'adjudication s'élevant à 348,290 francs. (Œuvres de J. Breton, Chaplin, Corot, Courbet, Isabey, Ch. Jacque, Jongkind, Monticelli, Ribot, Roybet, Vollon, Ziem.

40. **Catalogue** des Tableaux de l'Ecole Française du xviii° siècle, et Terres cuites, formant la collection de M***. *Paris, Georges Sortais et Mannheim*, 1906. Orné de huit photogravures de Longuet. In-4 broché, non rogné, couv.

On a ajouté 1 n° du Journal des Arts du 30 juin 1906, indiquant les prix d'adjudication s'élevant à 38,025 francs.

41. **Catalogue** de Tableaux modernes de la collection de E. Adam. Vente du 16 mai 1900. 17 planches en phototypie. *Paris*, 1900. In-4 demi-rel. chagr. rouge, tête dorée, dos orné, non rogné, couv. conservée. Texte et planches montés sur onglets.

On a ajouté le Journal des Arts, donnant les prix d'adjudication s'élevant à 178,337 francs.

42. **Catalogue** de la Bibliothèque de feu M. Albert Bélinac, 1°° et 2°° parties. Très beaux livres modernes recouverts de superbes reliures d'art, exemplaires uniques enrichis d'aquarelles originales. Illustré du portrait de M. Bélinac en regard du titre et de 166 planches en héliogravures des principales reliures. *Paris, A. Durel*, 1909. Les 2 tomes in-4 reliés en un seul, demi chagr. Lavallière, dos orné, non rogné, couv. cons. *Le tout monté sur onglets.*

Vente des 3-4-5-6-16-17-18-19 et 20 février 1909, s'élevant à 306,800 fr.

43. **Catalogue** des Livres modernes composant la bibliothèque particulière de feu M. L. Conquet, éditeur, libraire de la Société des Amis des Livres. Joli portrait en regard du titre. Vente des 28, 29, 30 mars 1898. *Paris, A. Durel, Leclerc et Cornu au*, 1898. In-8, dem. rel. chagr. La Vallière, dos orné, non rogné, couv. cons.

Tous les prix d'adjudication sont indiqués au crayon en regard de chaque numéro : 140,082 francs.

44. **Catalogue** de la Vente de la Collection Lacroix-Laval. Cent reliures d'art exécutées sur des éditions de grand Luxe. — Vente des 16 et 16 Décembre 1902, *Paris, Durel*, 1902. In-4, dem. rel. chagrin La Vallière, dos orné, non rogné, couv. cons.

Le texte et les 171 planches montés sur onglets.

On a ajouté les prix d'adjudication s'élevant à 131,146 francs.

Imprimerie du Journal LE HAVRE (O. RANDOLET), rue Fontenelle, 35, Le Havre

www.ingramcontent.com/pod-product-compliance
Ingram Content Group UK Ltd.
Pitfield, Milton Keynes, MK11 3LW, UK
UKHW020210130726
13696UKWH00002B/829